DUMONT
DIREKT

Italienische Adria

Von Triest bis Rimini

Annette Krus-Bonazza

Inhalt

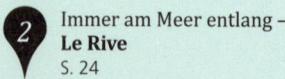
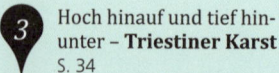
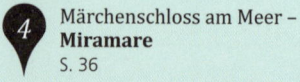

Das Beste zu Beginn

Besser als ihr Ruf!

Nein, nicht Ballermann auf Italienisch! Die Strände sind allenfalls im Hochsommer unangenehm dicht belegt und eh nur eine Seite der Adriamedaille, die auf der anderen mit viel Kunst und Kultur und stimmungsvollen Altstädten glänzt.

Schön(st)e kleine Küstenwelt

Der Golf von Triest ist für mich die schönste Küstenlandschaft der Oberen Adria, weil er mehrere Landschaftsbilder, Kulturen und Küchen vereint. Triest selbst begeistert mit toller Adrialage und Hafenflair, mutet hier wie Wien und dort wie der Balkan an, tischt sowohl frischen Fisch als auch Gulasch mit Knödeln auf.

Mit nobler Nostalgie

Elegante Grand Hotels und Jugendstilvillen der vorletzten Jahrhundertwende setzen nostalgische Akzente im modernen Bettenburgeneinerlei. Mit etwas Glück kann man dort für relativ kleines Geld ganz groß logieren und ganz inklusive den exklusiven Hauch des frühen Badetourismus inhalieren.

Kleinstadtperle im Küstenhinterland

Bei einem Urlaub zwischen Rimini und Riccione gehört ein Ausflug nach San Marino einfach dazu. Es thront mit weitem Adriablick hoch auf dem Monte Titano, hat noch viel mittelalterliche Gemäuer und eine ganz besondere Geschichte. Architektonisch und atmosphärisch attraktiver als die touristisch überrannte älteste Republik der Welt finde ich allerdings das schöne Städtchen San Leo auf dem Felsen gleich nebenan.

Mitten im Fischerleben

Ich mag das süditalienische Flair von Chioggia, das städtebaulich viel Ähnlichkeit mit Venedig am anderen Ende der Lagune hat. Ein Erlebnis ist sein morgendlicher Fischmarkt vor der Kulisse pittoresk patinierter historischer *palazzi* am romantisch überbrückten Canal Vena, der von kreischenden Möwenschwärmen belagert und lebhaftem Stimmengewirr beschallt wird.

Brunetti und Laurenti

Fans von Donna Leon und Veit Heinichen können an der Adria in den Stammlokalen von Brunetti und Laurenti, z. B. der Gran Malabar an Triests Piazza San Giovanni, einkehren. Ich lernte in Venedig einen realen Kollegen von Commissario Brunetti kennen, der mich zu einer Stippvisite in die Questura einlud.

Balsam für Leib und Seele

In Sachen Essen und Trinken entscheide ich nach Finanz- und Gemütslage. Mir gefallen rustikale Lokale wie die Trattoria des Circolo Pescatori in Cervia, wo man in feuchtfröhlicher und bisweilen sangesfreudiger Runde den Tagesfang der örtlichen Fischerkooperative schnabuliert. Hin und wieder gönne ich mir aber auch Exklusives wie die raffinierte Meeresküche der Triestiner Starköchin Ami Scabar. Sie ist Balsam für Leib und Seele, die man an der Adria natürlich auch gänzlich kalorienfrei erquicken kann. Ich sage nur Venedig – einfach einzigartig und anrührend schön!

Venedig (fast) ohne Touristen

In Castello kann man vergessen, dass Venedig alljährlich von 30 Mio. Touristen bedrängt wird. Obwohl nicht weit von der Piazza San Marco, hat das ehemalige Arbeiterquartier viel Authentisches bewahrt.

Nicht nur Sand und Strand

Entgegen weit verbreiteter Vorurteile hat Rimini keineswegs nur Sand und Strand, sondern eine tolle Altstadt, in der vor der Kulisse schöner alter Gemäuer das ganze Jahr über viel junges Kulturleben pulsiert.

Privat habe ich die Obere Adria wegen ihres Rufes als ›Teutonengrill‹ lange gemieden, um ihre schönen Küstenlandschaften und -städte erst in reisejournalistischer Mission zu entdecken und vielleicht auch von Ihnen gehegte Vorurteile zu revidieren.

Fragen? Erfahrungen? Ideen?

Ich freue mich auf Post.

 *Mein Postfach bei DuMont:*
krus-bonazza@dumontreise.de

Das ist die italienische Adria

Die Adria trennt die Apennin- von der Balkanhalbinsel und ist von jeher ein wichtiger Seeweg von West nach Ost. Ihre gut 700 km lange italienische Küste markiert die Meeresgrenze von sieben Regionen. Wir reisen in die drei nördlichen, kurz, an die Obere Adria, die, bevor die Römer im 3. Jh. v. Chr. kamen, sahen und siegten, u. a. von Etruskern und Umbrern besiedelt war.

Orient und Okzident

Nachdem das antike Imperium im Jahr 395 Geschichte und in ein west- und oströmisches Reich zerfallen war, residierten die west- und oströmischen Kaiser, zwischendurch auch Ostgotenkönig Theoderich, in Ravenna, das von 540 bis 761 ein Vorposten des byzantinischen Hofes in Konstantinopel war. Das Exarchat Ravenna inklusive Venedig, Triest und Rimini ging nach kurzer langobardischer Belagerung im römisch-deutschen (Franken-)Reich auf. Allein Venedig blieb vorerst byzantinisch, um sich seit dem 8. Jh. auf eigene politische Verantwortung und Rechnung für den kommerziellen und kulturellen Austausch zwischen Orient und Okzident zu engagieren. Die Stadt- und Seerepublik handelte fast 1000 Jahre lang mit Salz und Fisch, exotischen Stoffen und Gewürzen. Sie verkaufte Sklaven, führte Kriege und Kreuzzüge und eroberte Länder und Städte diesseits und jenseits der Adria, darunter anno 1202 auch Triest, das sich 1382 unter die Fittiche der Donaumonarchie flüchtete, um dort im 18. Jh. zur ökonomisch erfolgreichen österreichischen Hafenstadt zu erblühen. Bis auf Triest, das erst 1919 italienisch wurde, traten alle westlichen Adria-Anrainer in den 1860er-Jahren dem jungen italienischen Nationalstaat bei.

Ökonomie und Ökologie

Die meisten Küstenbewohner lebten von Salz und Fisch, bis im 19. Jh. der exklusive Badetourismus in Gang kam. Weil ein Urlaub am Meer seit Mussolinis Zeiten auch für Krethi und Plethi erschwinglich war, erhielt er in den 1920er-Jahren den ersten quantitativen Schub. In den wirtschaftswunderbaren 1960ern nahm er massenhafte Dimensionen an, sodass die eleganten Villen und Grand Hotels bald von mehrstöckigen grauen Bettenburgen absorbiert waren. Mit dem ökonomischen Erfolg kamen ökologische Probleme. Sie sind im Industrieareal von Ravenna, wo sich zeitgleich Erdölraffinerien und petrochemische Werke angesiedelt hatten, und an der Po-Mündung besonders eklatant, seit der Algenplage der 1980er-Jahre aber immerhin erkannt. Neue Kläranlagen verbessern inzwischen Fluss- und Adriawasserqualität. Über fast allen Stränden weht die blaue Fahne, die gesundheitlich unbedenkliche Badefreuden garantiert, und das Mündungsgebiet des größten italienischen Flusses firmiert nun in weiten Teilen als naturgeschützter Parco del Delta del Po.

Strand und (Hinter-)Land

Die Markenzeichen der Oberen Adria sind aber nach wie vor ihre kilometerlangen breiten Sandstrände, die im Sommer dicht belegt und von Sonnen-

Kein Wunder, dass die Mule di Trieste, die Triestiner Mädchen, so windzerzaust aussehen: Die stürmische Bora bläst in Triest auch bei Sonnenschein.

schirmen überdacht sind. Im Frühjahr, Herbst und Winter sind sie dagegen von meditativer Weite und hohem Entspannungspotenzial. Am Golf von Triest öffnet sich Italien keineswegs nur flach und feinsandig, sondern auch mit einer amalfitanisch anmutenden Steilküste zum Meer. Überall kann man surfen und segeln und hier und da auch tauchen gehen. Zwischen Grado und Comacchio liegen faszinierende Lagunenwelten, die von allerlei Fisch und Federvieh bevölkert und fürs Biken und Birdwatching geradezu prädestiniert sind. Bei (Rad-)Wanderungen im wald- und wiesengrünen romagnolischen Küstenhinterland oder im weinseligen Triestiner Karst schaut man oben auf die schöne blaue Adria.

Kultur und Kommerz

Die Obere Adria imponiert als blühende Kulturlandschaft, in der inmitten alter Gemäuer und Gemälde zeitgeistiger Lifestyle und kontemporäre Kunst pulsieren. Venedig ist ein Gesamtkunstwerk und die Mosaikenmetropole Ravenna gleich achtmal Weltkulturerbe. Das kleine Aquileia bezeugt mit römischen Ruinen seine große Vergangenheit als antike Megacity und dem ältesten biblischen Bodenmosaik in unseren Breiten Pionierleistungen bei der Christianisierung von Alpen und Adria. Triest hat Europas größten Platz am Meer und Rimini das Erbe von Römern, Renaissancefürsten und Regisseur Fellini, der hier geboren und begraben – und doch unsterblich ist.

An der Oberen Adria gibt's viel Musik und Theater und spektakuläre Events wie Venedigs Kunst- und Filmbiennale mit internationalem Starauftrieb. Die »lange Straße aus Sand« (Pier Paolo Pasolini) ist eine hochsommerliche Party- und Vergnügungsmeile mit Tausenden von Clubs und Cocktaillounges, Dutzenden von Spaß- und Themenparks und nicht zuletzt ein Shoppingparadies für Massenware und Designermode, Kunst, Kitsch und Kulinaria.

Die italienische Adria in Zahlen

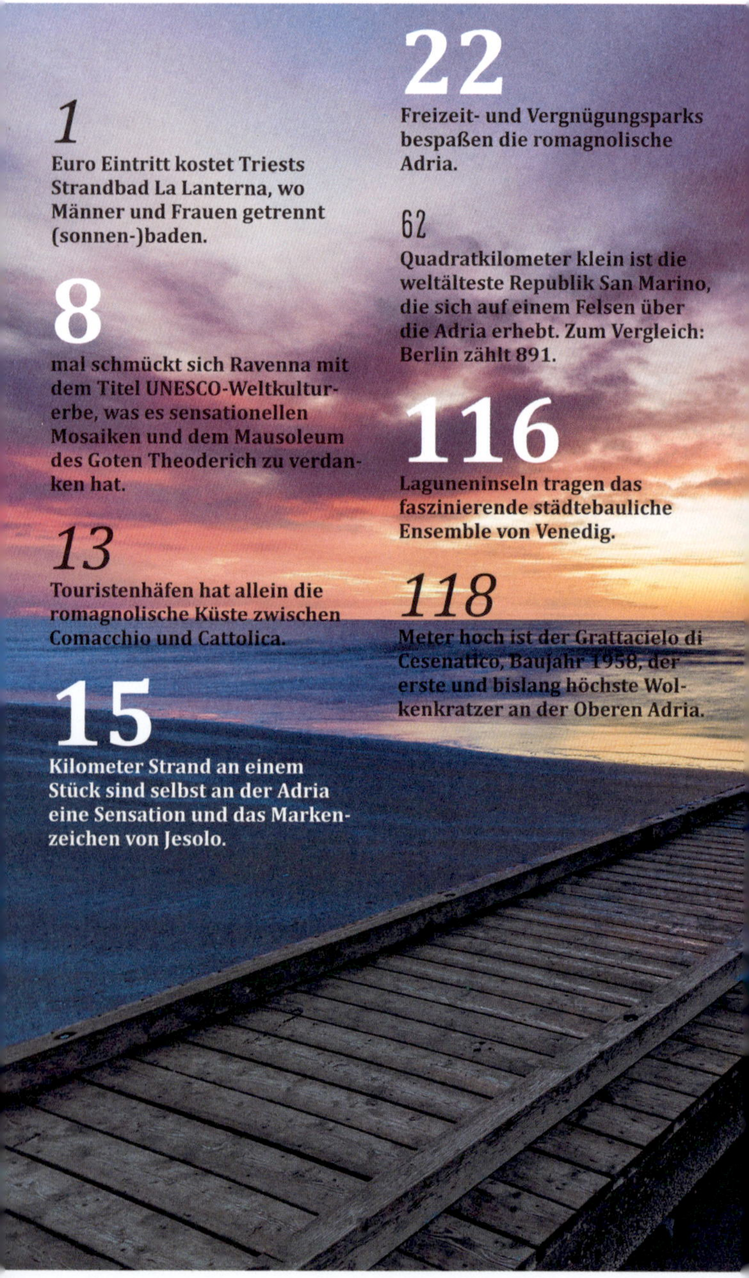

1
Euro Eintritt kostet Triests Strandbad La Lanterna, wo Männer und Frauen getrennt (sonnen-)baden.

8
mal schmückt sich Ravenna mit dem Titel UNESCO-Weltkulturerbe, was es sensationellen Mosaiken und dem Mausoleum des Goten Theoderich zu verdanken hat.

13
Touristenhäfen hat allein die romagnolische Küste zwischen Comacchio und Cattolica.

15
Kilometer Strand an einem Stück sind selbst an der Adria eine Sensation und das Markenzeichen von Jesolo.

22
Freizeit- und Vergnügungsparks bespaßen die romagnolische Adria.

62
Quadratkilometer klein ist die weltälteste Republik San Marino, die sich auf einem Felsen über die Adria erhebt. Zum Vergleich: Berlin zählt 891.

116
Laguneninseln tragen das faszinierende städtebauliche Ensemble von Venedig.

118
Meter hoch ist der Grattacielo di Cesenatico, Baujahr 1958, der erste und bislang höchste Wolkenkratzer an der Oberen Adria.

120

Meter tief sind die Gewässer der Adria im Durchschnitt.

250

Kilometer pro Stunde erreichen die heftigsten Böen des kalten Nordwinds Bora, von dem Triest im Winter geschüttelt wird.

500

Stufen führen hinunter in die Grotta Gigante bei Triest, die als größte Schauhöhle Europas gilt.

1500

Tassen Kaffee trinkt ein Triestiner pro Jahr – doppelt so viele wie seine Landsleute im übrigen Italien.

10 000

Jahre alt ist die Adria und damit das erdgeschichtlich jüngste italienische Meer.

16 000

Quadratmeter misst Triests Piazza dell'Unità und ist damit Europas größter Stadtplatz am Meer.

30 000 000

Touristen besuchen jährlich Venedig und bedrohen das ökologische und soziale Gleichgewicht der Stadt.

176

Jahre ist es her, dass in Rimini das erste Adria-Strandbad eröffnet wurde: 1843.

So schmeckt die italienische Adria

Fisch und Meeresfrüchte stehen ganz oben auf der Speisekarte, die am einst österreichisch-ungarischen Golf von Triest von fast allen ehemaligen Kronländern der Donaumonarchie und den slowenischen Nachbarn beeinflusst, mal maritim und mediterran, mal fett und fleischig ist. Am Golf von Venedig und an der romagnolischen Küste wird die Meeresküche um Fleisch und Gemüse aus dem agrarisch geprägten Hinterland bereichert, sodass man auch dort für alle kulinarischen Wünsche offen ist.

Morgens wenig, abends viel

Wie überall im Belpaese startet man mit einem flotten und frugalen Frühstück *(colazione),* meist Cappuccino und *cornetto* (Hörnchen), in den Tag. Das Mittag- und Abendessen *(pranzo, cena)* besteht traditionellerweise aus *antipasto* (Vorspeise), *primo* (Nudel- oder Reisgericht), *secondo* nebst *contorno* (Hauptgang mit Fisch oder Fleisch plus Beilage), *frutta* oder *dolce* (Früchte, Süßspeise oder Kuchen) und schließlich *digestivo* und *caffè*. Die Restaurants, die sich manchmal auch *trattoria* oder *osteria* nennen, haben in der Regel zwischen 13 bis 15 bzw. 19 und 23 Uhr geöffnet. Zwischendurch pflegt man die schöne italienische Mittags- und Feierabendsitte des *aperitivo,* bei dem es eher um Kommunikation mit alten und neuen Freunden als um Kalorienaufnahme geht. Man erhebt sein Glas mit Prosecco, Weißwein oder Spritz (Sprizz), für den Prosecco mit Aperol aufgegossen und Weißwein mit Mineralwasser verlängert wird. Der Spritz bianco wird in Triest und Venedig gern getrunken und ist vom österreichischen Gespritzten abgeguckt. Dazu werden kleine Snacks mit Fisch, Wurst und Gemüse gereicht. Man zelebriert das gesellschaftliche Ritual in der Bar, einem Café oder Weinlokal, das in Venedig *bacaro* heißt.

Gewusst wo

In einem Bacaro firmieren das Gläschen Prosecco oder Weißwein unter *ombra* (Schatten) und die herzhaften Häppchen unter *cichetti*. Die typischen Weinschenken im karstigen Triestiner Hinterland nennen sich Osmize und sind nur saisonal geöffnet. Sie werden meist direkt von Winzern betrieben und servieren – bei schönem Wetter in Hof und Garten – zum offenen Hauswein vornehmlich kalte Platten mit Schinken, Wurst und Käse. Osmiza kommt vom slowenischen *osmica* (acht) und verweist auf die einst auf acht Tage begrenzten Öffnungszeiten der rustikal-ländlichen Lokale, die in deutschsprachigen Landen unter Straußwirtschaft oder Buschenschank bekannt sind.

FISCH MUSS SCHWIMMEN – WEINE AUS DEM KÜSTENHINTERLAND

Die Winzer aus dem Triestiner Karst steuern fürs genussvolle Fischessen die Weißweine Vitovska und Malvasia bei, im romagnolischen Küstenhinterland, z. B. im Po-Delta, gedeiht der Bosco Eliceo oder Pagadebit. In und um Venedig sorgen die spritzigen Weißen von den Colli Euganei dafür, dass der Fisch auch posthum schwimmen kann.

Die Triestiner Buffets haben österreichisch-ungarische Wurzeln und servieren kräftige kalorienreiche Speisen, die dort auch gern im Stehen konsumiert werden. Es gibt gepökeltes und geräuchertes Schweinefleisch mit Kren (Meerrettich), Rindsgulasch mit Knödeln, *crauti* (Sauerkraut) oder *jota*, ein Eintopf aus Räucherfleisch, Kartoffeln, Sauerkraut und Bohnen.
Der typische ›Schnellimbiss‹ der romagnolischen Küste ist die Piadineria. Dort bekommt man die *piadina romagnola*, einen runden Teigfladen aus Mehl, Wasser, Salz und Schweineschmalz, der auf einem heißen Blech knusprig gebacken und je nach Gusto herzhaft oder süß gefüllt wird.

Aus dem Meer
Im Vergleich zur billigen Importware aus aller Welt ist vor der eigenen Haustür Gefangenes an der oberen Adria recht teuer. Ein komplettes Meeresmenü in einem von lokalen Fischern belieferten Restaurant kostet um die 50 €.
Die Fische, Schalen- und Krustentiere werden gegrillt oder gebraten, gekocht oder frittiert, veredeln *pasta* und *risotto*, reüssieren als *antipasto* oder *secondo* und sind als *crudi*, also roh genossen, ein ganz besonderer Gaumenschmaus. Quasi immer dabei sind in Zwiebeln und Essig marinierte Sardinen und Sardellen, die in Triest unter *sardoni in savor* und Venedig und Umgebung unter *sardoni in saor* firmieren. Ein weiterer Klassiker

ADRIAFISCH IM DETAIL

acciuga oder alice – Sardelle
anguilla – Aal
astice – Hummer
branzino – Seebarsch
calamaro – Tintenfisch
canocchia – Heuschreckenkrebs
cefalo – Meeräsche
cozza – Miesmuschel
gambero (Mazzancollo) – Krebs
merluzzo – Kabeljau
orata – Goldbrasse
rombo – Steinbutt
sardina – Sardine
scampo – Kaisergranat (schlanker Hummer)
scorfano – Drachenkopf
seppia – Tintenfisch
sgombro – Makrele
sogliola – Seezunge
tonno Rosso – roter Thunfisch
triglia – Seebarbe
vongola – Venusmuschel

Eine Sagra ist ein Fest, das lokale Spezialitäten feiert, sodass z. B. Comacchio mit der Sagra dell'Anguilla (Okt.) mit kollektiven Fressgelagen dem Aal und sein Ortsteil Porto Garibaldi mit der Sagra della Seppia e della Canocchia (Mai) auf dieselbe Weise Tintenfisch und Heuschreckenkrebs huldigt.

ist der *brodetto* (Fischsuppe), der zwischen Triest und Chioggia gern mit weißer Polenta serviert wird. Sein Rezept variiert von Küstenstadt zu Küstenstadt, wobei der Fischsuppe von Chioggia, Grado und Marano ein besonders guter Ruf vorauseilt. Das romagnolische Comacchio macht mit Aal aus der Lagune Furore, der dort gebraten, geräuchert oder mariniert auf den Teller oder in die Dose kommt (▶ S. 82).

Ihr Adria-Kompass

#2
Immer am Meer
entlang –
Le Rive

#3
Hoch hinauf und tief
hinunter –
Triestiner Karst

SEEHELDEN
UND SEGELSCHIFFE

EIN TIEFER
– BLICK UNTER –
DIE ERDE

#1
Stadtplatz mit
Adriablick – **Piazza
dell'Unità d'Italia**

Eleganter
SALON
für alle

WOMIT FANGE ICH AN?

2

1

3

15

14

13

12

etwas weiter und
es wird beschaulich

#15
Jenseits der Küste –
**nicht nur San
Marino**

Felliniesque

#14
In memoriam Federico
Fellini – **die ›Luoghi
Felliniani‹ von Rimini**

Gute Zeitreise!

SALZ
IN DER
SUPPE

#13
Salve Ariminum –
**römisches Erbe in
Rimini**

#12
Süße Körnchen –
**Museo del Sale in
Cervia**

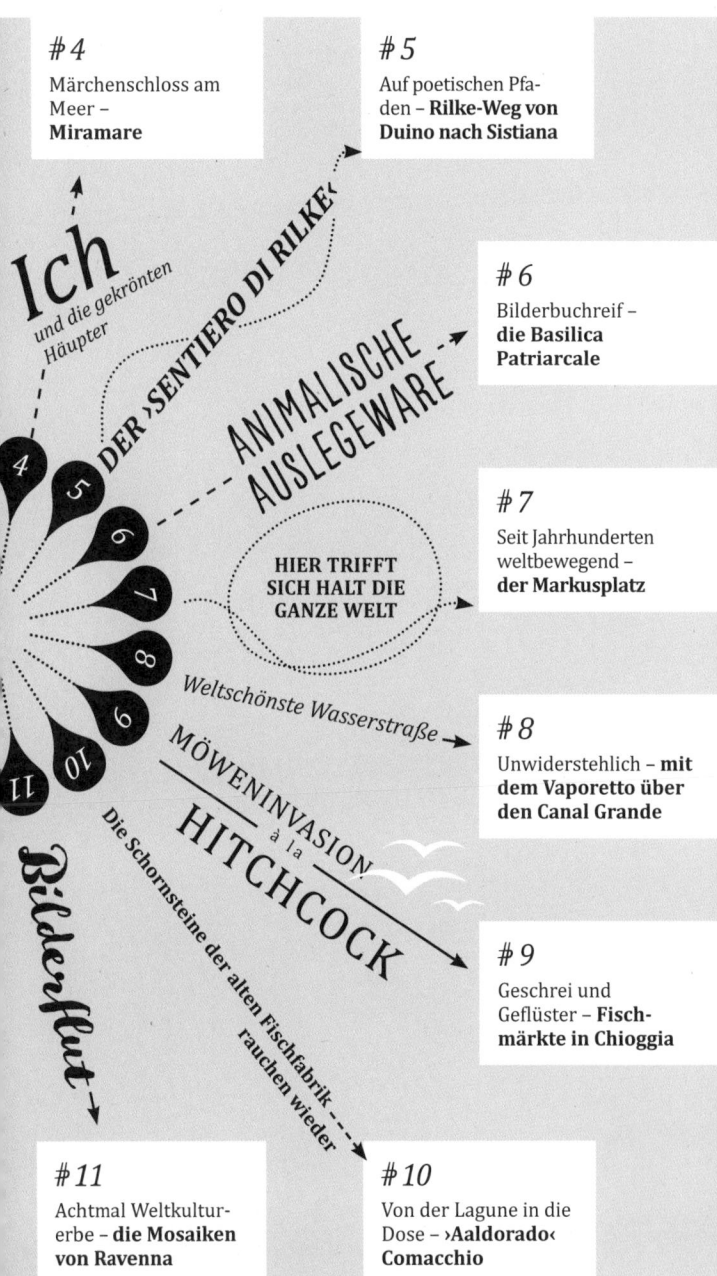

 # 4

Märchenschloss am
Meer –
Miramare

 # 5

Auf poetischen Pfa-
den – **Rilke-Weg von
Duino nach Sistiana**

 # 6

Bilderbuchreif –
**die Basilica
Patriarcale**

 # 7

Seit Jahrhunderten
weltbewegend –
der Markusplatz

 # 8

Unwiderstehlich – **mit
dem Vaporetto über
den Canal Grande**

 # 9

Geschrei und
Geflüster – **Fisch-
märkte in Chioggia**

 # 11

Achtmal Weltkultur-
erbe – **die Mosaiken
von Ravenna**

 # 10

Von der Lagune in die
Dose – ›**Aaldorado**‹
Comacchio

Ich
und die gekrönten
Häupter

DER ›SENTIERO DI RILKE‹

ANIMALISCHE AUSLEGEWARE

HIER TRIFFT
SICH HALT DIE
GANZE WELT

Weltschönste Wasserstraße →

MÖWENINVASION
à la
HITCHCOCK

Die Schornsteine der alten Fischfabrik
rauchen wieder

Bilderflut →

Golf von Triest

Am Golf von Triest stürzt sich Italien von einem karstigen Hochplateau dramatisch steil ins Meer, was Ihnen Millionärsblicke auf die Adria und wildromantische Badebuchten beschert. Die Bilderbuchküste säumt die Grenze zu Slowenien und Friaul-Julisch-Venetien, das besonders in seiner bis 1918 österreichischen Hauptstadt (Triest) von Kultur und Küche dieser historischen Herrschaften gezeichnet ist. Im ehemaligen k. u. k. Seebad Grado locken flache feinsandige Strände und eine fisch- und vogelreiche Lagune. Jenseits derselben glänzt Aquileia mit antiken Ruinen und zauberhaften mittelalterlichen Mosaiken.

Muggia ◻ J 3

Muggia markiert das nordöstliche Ende der italienischen Welt auf der ansonsten von Slowenien und Kroatien belegten Halbinsel Istrien, die das Belpaese nach dem Zweiten Weltkrieg ans damalige Jugoslawien verlor.

Allein die Stadt mit dem sympathischen Fischerhafenflair blieb den Italienern erhalten. Die bis auf die reich freskierte **Basilica Santa Maria Assunta** (8–19 Uhr) eher spärlichen Mauerreste ihres seit römischen Tagen gewachsenen und im späten Mittelalter geräumten historischen Siedlungskerns firmieren unter **Parco Archeologico di Muggia Vecchia** (Salita Muggia Vecchia). Sie ruhen mit fantastischer Aussicht auf den Golf von Triest auf einem Hügel über der unterdessen ebenfalls schon recht betagten Stadt am Meer, die sich seit dem 13. Jh. aus der Siedlung Borgolauro entwickelt und in Form einer Schildkröte ums gemauerte Hafenbecken gelegt hat.

Venedig lässt grüßen
Dass Muggia von 1420 bis 1797 unter den Fittichen von Venedig war, merkt man ihm architektonisch wie atmosphärisch bis heute an. Viele Straßen, die wie in der Lagunenstadt oft Calle heißen, werden von Häusern im gotisch-venezianischem Baustil geprägt, wobei die schönsten Exemplare in der **Calle Oberdan** zu bewundern sind. Am östlichen mittelalterlichen Stadttor **Portizza** prangt das Wappen der Seerepublik und auch an **Rathaus** und **Burg** brüllt der Markuslöwe. Das im 13. Jh. erbaute **Municipio** steht an der Piazza Marconi, einer Ausstülpung von Muggias malerischer Hauptschlagader **Corso Puccini**. Direkt vis-à-vis leuchtet der **Duomo SS. Giovanni e Paolo** (13. Jh.) seit dem 15. Jh. in strahlend weißem istrischen Kalkstein.

Moderne Kunst
Das **Castello di Muggia**, eine klotzige Burg aus dem 14. Jh., schaut vom westlichen Altstadtrand auf die Hafenmolen und gehört heute dem Bildhauer Villi Bossi, der 1939 in Muggia geboren wurde und nur lange vorher angemeldete Gruppen ins Schloss lässt (www.castellodimuggia.wpeople.it). Dagegen ist das **Museo d'Arte Moderna Ugo Carà** für alle offen (Via Roma 9, Di–Fr 17–19, Sa 10–12, 17–19, So 10–12 Uhr, Eintritt frei). Das zeitgemäß in Holz und rostigen Stahl gehüllte Museum ehrt mit einer Werkschau und Wechselausstellungen den aus Muggia stammenden Maler, Bildhauer und Designer **Ugo Carà** (1908–2004), der sich nach dem Zweiten Weltkrieg mit der Einrichtung und Dekoration von Ozeanriesen einen Namen gemacht hat.

Segelschiffe und Fischkutter
Apropos Ozeanriesen! Nachdem die Seerepublik Venedig Geschichte und das napoleonische Intermezzo vorbei war, übernahmen die Österreicher die Stadt und eröffneten hier 1857 die **Cantieri San Rocco,** die die k.u.k. Monarchie mit Handels- und Kriegsschiffen versorgten. Sie mauserten sich zu einer der größten Werften Europas und beschäftigten am Vorabend des Ersten Weltkriegs gut 3000 Menschen. In den 1950er-Jahren geschlossen, wurde die historische Werft vor gut zehn Jahren als Schiffswartungs- und Reparaturbetrieb revitalisiert, was hier durchaus Konjunktur hat. Das bunte Treiben im Hafen von Muggia ist nämlich nicht nur von Fischern, sondern auch Freizeitschippern geprägt, zumal das Segeln und Surfen in dieser windgeschützten Gegend quasi ein Volkssport ist und das Boot hier preisgünstiger ankert als in Triest. Auch zum Baden kommen die Triestiner gern nach Muggia oder fahren gleich weiter nach Slowenien und Kroatien, weil das *dolce vita* dort billiger ist.

Ganz schön alt
Die Gegend von Muggia ist schon ewig besiedelt. Davon kann man sich im frei zugänglichen Archäologiepark **Il Castelliere di Elleri** ein 1600 v. Chr. in Sandstein gemauertes Bild machen.
Via Santa Barbara, www.archeocartafvg.it

Der Karneval in Muggia ist zum Essen schön: Auf dem **Ballo della Verdura** tanzen die Karnevalisten mit Gemüse auf dem Kopf und verspeisen auf der zentralen Piazza unter dem Motto *tutti a ovi* (alle an die Eier) eine Riesenfrittata (Omelette; www.carnevaldemuja.com).

🍴 Mitten im Fischerleben
Ittiturismo La Terrazza
Bei der Fischerkooperative Beta gibt's Fisch und Meeresfrüchte auf mittlerem kulinarischen Niveau direkt am Hafen auf einer Terrasse über Booten und Netzen.
Molo Colombo 2, T 040 27 53 31, www.ittiturismomuggia.com, Di–So mittags u. abends, Menü um 30 €

🍴 Klein, aber oho
Enoteca Patriarca
Gina und Roberto, die den winzigen Gastraum bei schönem Wetter um ein paar Tische vor der Tür erweitern, erfreuen ihre Gäste seit vielen Jahren mit exzellenter Meeresküche zu fairen Preisen.
Corso Puccini 12, T 333 117 47 85, Di–So mittags u. abends, Menü um 30 €

ℹ️ Infos
Verkehr: Von Triest mit dem **Bus 20** oder **Schiff Delfino Verde** ab Molo Bersaglieri, 6–20 Uhr stdl.; zum Castelliere di Elleri geht's ab Muggia mit dem **Bus 32** weiter (www.triestetrasporti.it).

Triest 📖 J/K 3

Triest vereint mediterrane und mitteleuropäische Lebensart, serviert Pasta, Pizza und Pesce (Fisch), Knödel, Kraut und Kren, macht in Versicherungen und Schiffsbau, sendet Fähren auf den Balkan und empfängt Frachter mit Kaffee und Erdöl aus aller Welt. Die Hafenstadt öffnet ihr großes städtebauliches Herz direkt zum Meer, imponiert mit antiken Ruinen, mittelalterlicher Kathedrale und monumentalem Kastell, hat vor der Tür das Habsburgerschloss Miramare und auf ihrem karstigen Bergrücken herrliche Küstenwanderwege und reichlich guten Wein.

Triest war ursprünglich römisch, zwischenzeitlich ostgotisch, byzantinisch und langobardisch und seit Ende des 8. Jh. Teil des römisch-deutschen Reiches. Es wurde 1202 von den Venezianern erobert und kroch 1382 unter österreichisch-habsburgische Fittiche, unter denen es – abgesehen von einem kurzen napoleonischen Intermezzo – lange bleiben, wachsen und gedeihen sollte. Im Ersten Weltkrieg besiegten die Italiener die Österreicher und gemeindeten die Hafenstadt 1919 ein, im Zweiten Weltkrieg wurde sie von Nazis besetzt und von Titos Partisanen begehrt, ab 1945 von der UNO verwaltet und vor dem sozialistischen Jugoslawien beschützt. 1954 zurück in Italien, avancierte Triest 1963 zur Kapitale der autonomen Region Friaul-Julisch-Venetien, die erst mit dem EU-Beitritt Sloweniens (2004) aus ihrer geopolitischen Isolation befreit wurde.

WAS TUN IN TRIEST?

In den Triestiner Stadtsalons flanieren
Erstes Ziel und zugleich idealer Ausgangspunkt für die Erkundung der Stadt ist die **Piazza dell'Unità d'Italia** (**1** – **9** ▶ S. 18). Gleich neben Triests Stadtsalon am Meer liegt die **Piazza della Borsa,** gleichsam die zweite gute Stube der Stadt und vor Ort tatsächlich *secondo salotto buono cittadino* genannt. Der **Palazzo della Vecchia Borsa 10** (1806) ähnelt einem griechischen Tempel und beherbergt die Handelskammer, seit die Börse 1844 in den neuen **Palazzo del Ter-**

Stadtplatz mit Adriablick – **Piazza dell'Unità d'Italia**

An einer Seite offen zum Meer, an den drei anderen prächtig bebaut und am Abend von blauen Bodenlampen effektvoll illuminiert – die Piazza dell'Unità d'Italia zieht Stadtbewohner und -besucher zu jeder Tageszeit geradezu magisch an.

Der im Grundriss rechteckige Stadtsalon nahm unter Kaiser Franz Joseph I. seine enormen Dimensionen von 16 000 m² an. Die **Piazza dell'Unità d'Italia** demonstrierte einst Macht und Wohlstand der Habsburger und zählt heute zu den faszinierendsten Plätzen des Belpaese. Ihr großes Fenster zur Adria beeindruckt vielleicht noch mehr als ihr ›Mobiliar‹, das teilweise schon im ausgehenden 18. Jh. dort aufgestellt worden war.

Bunt steht ihr gut – der Karneval nimmt der Piazza etwas von der eingebauten Strenge.

Möbel und Dekor

Das älteste Gebäude ist der neoklassizistische **Palazzo Pitteri** **1**, Baujahr 1785, der seinerzeit für einen wohlhabenden Kaufmann errichtet und später dem Triestiner Schriftsteller Riccardo Pitteri gewidmet wurde. Noch betagter sind die barocke **Fontana dei Continenti** **2** (1751) und die auf eine Säule erhobene **Statue von Kaiser Karl VI.** **3** (1754) gleich vis-à-vis. Das Skulpturenensemble des Brunnens würdigt die bis dahin entdeckten vier Kontinente (Amerika, Afrika, Asien, Europa) und der ›Säulenheilige‹ den Mann, der Triest 1719 zum Freihafen erklärte und damit seine rasante ökonomische und kulturelle Entwicklung einleitete.

Bereits seit 1839 steht der **Palazzo Stratti** **4**, erbaut für einen gleichnamigen griechischen Kaufmann. Der vermietete das Erdgeschoss ans **Caffè degli Specchi** **1** und verkaufte das Haus bald an die Assicurazioni Generali, die 1831 in Triest gegründet wurden und heute als Global Player in Sachen Versicherungen unterwegs sind. Das unterdessen mehrfach renovierte ›Café der Spiegel‹ machte als Literaturtreffpunkt Geschichte, empfing einst lokale Dichtergrößen wie Italo Svevo und den irischen Wahltriestiner James Joyce.

Österreich lässt grüßen

1873 und 1875 folgten der **Palazzo Modello** 5 und das **Municipio** 6, beide vom Zeichentisch von Giuseppe Bruni. Der Architekt entschied sich für einen Stilmix aus Klassik, Barock und Renaissance. Auf dem Rathausturm schlagen zwei Bronzefiguren die Viertelstunden. Bei den ›Jungs‹, die vor Ort Micheze und Jacheze gerufen werden, handelt es sich allerdings um Kopien, deren Originale im Innenhof des Kastells aus der Nähe zu betrachten sind.

Ebenfalls aus dem Jahr 1873 datiert der **Palazzo Vanoli** 7 mit der Nobelherberge **Duchi d'Aosta** 4 und dem **Harry's** 2. 1884 steuerte der Wiener Architekt Heinrich Ferstel den **Palazzo del Lloyd Triestino** 8 bei. Der stattliche Bau in Renaissancemanier hieß ursprünglich Palazzo Lloyd Austriaco und gehörte der 1833 gegründeten gleichnamigen Reederei. Drinnen tagt die Regionalregierung von Friaul-Julisch-Venetien und draußen posieren als Brunnenfiguren die Patroninnen von Süß- und Salzwasser. Das jüngste ›Möbelstück‹ im Stadtsalon ist der **Palazzo del Governo** 9 vom Wiener Architekten Emil Artmann. Es sticht durch seine von orientalischen Ornamenten übersäte Fassade und eine doppelstöckige Loggia hervor und komplettiert seit 1905 das elegante Ensemble von Europas größtem und vielleicht sogar schönstem Platz am Meer.

K KOPIE

Das Triestiner **Harry's** 2 heißt nicht zufällig genauso wie Venedigs weltberühmte Bar. Es wurde 1972 von deren Chef Arrigo Cipriani gestaltet und mit einer Kopie der an der Lagune stets von Promis besetzten Theke versehen.

ADLIG BETTEN
Grand Hotel Duchi d'Aosta 4:
▶ S. 30

SICH WAS GÖNNEN KÖNNEN
Ein *nero* – so heißt der Espresso in Triest – oder Spritz im eleganten **Caffè degli Specchi** 1 (Palazzo Stratti, tgl. 8–21 Uhr) oder **Harry's** 2 (Grand Hotel Duchi d'Aosta, tgl. 12.30–15, 19.30–22 Uhr) haben Stil und Tradition, sind etwas teurer als anderswo, aber durchaus die kleine finanzielle Sünde wert.

Cityplan: S. 20

0   200 m

Sehenswert

- **1** – **9** ▶ S. 24
- **10** Palazzo della Vecchia Borsa
- **11** Palazzo del Tergesteo
- **12** Foro Romano
- **13** Castello di San Giusto
- **14** Cattedrale di San Giusto
- **15** Civico Museo di Storia ed Arte/Orto Lapidario
- **16** Arco di Riccardo
- **17** Teatro Romano
- **18** Ghetto Ebraico
- **19** Museo della Comunità Ebraica di Trieste
- **20** Sinagoga
- **21** Biblioteca Civica
- **22** Monumento I. Svevo
- **23** Museo Sveviano e Museo James Joyce
- **24** Civico Museo della Civiltà Istriana Fiumana e Dalmata
- **25** Museo Revoltella. Galleria d'Arte Moderna
- **26** Museo del Mare
- **27** Molo Audace
- **28** Porto Vecchio
- **29** Monumento dei Bersaglieri
- **30** Le Mule di Trieste
- **31** Monumento Nazario Sauro
- **32** Stazione Marittima
- **33** Vecchia Pescheria
- **34** Acquario Marino
- **35** Museo della Bora
- **36** Museo Teatrale Carlo Schmidl
- **37** Ponte Rosso/Monumento James Joyce
- **38** Chiesa Sant'Antonio Taumaturgo
- **39** Chiesa San Spiridone
- **40** Chiesa San Nicolò
- **41** Museo del Caffè
- **42** Risiera di San Sabba
- **43** Museo della Guerra per la Pace »Diego de Henriquez«
- **44** Museo di Storia Naturale

In fremden Betten

- **1** James Joyce
- **2** Urban Hotel Design
- **3** L'Albero Nascosto
- **4** ▶ S. 19

Satt & glücklich

- **1 2** ▶ S. 19
- **3** Caffè Tommaseo
- **4** Eataly
- **5** Stella Polare
- **6** Gran Malabar
- **7** Caffè San Marco
- **8** Caffè Torinese
- **9** Nero di Seppia
- **10** Osteria Salvagente
- **11** Osteria de Scarpon
- **12** Nero in B
- **13** Genuino
- **14** Scabar
- **15** Buffet da Pepi
- **16** Siora Rosa

Stöbern & entdecken

- **1** Vud Design
- **2** Stranomavero
- **3** Rigatteria
- **4** Torrefazione Triestina
- **5** Mercatino dell'Antiquariato e dell'Usato d'Epoca

Wenn die Nacht beginnt

- **1** Teatro Giuseppe Verdi
- **2** Draw Food
- **3** Knulp

Sport & Aktivitäten

- **1** Bagno La Lanterna
- **2** Bagno Ausonia
- **3** Piccola Università Italiana

Golfo di Trieste

Molo Bersaglieri

Bacino S. Marco

Molo Pescheria

32

31

34 BORGO GIUSEPPINO

33

4 Riva T. Gulli

12 **2** Piazza Venezia

25

26

1

2 Museo Sartorio **M**

Via Lazzaretto Vecchio

Largo Papa Giovanni XXIII

Via dell'Università

35 **42** **14**

Riva N. Sauro

Via Cadorna

3

22 Piazza Hortis

16

24 **21**

Via F. Duca d'Aosta

Via Sant'Martiri

---

gesteo **11** direkt daneben umgezogen ist. Der im Erdgeschoss von Arkaden aufgelockerte neoklassizistische Repräsentationsbau integrierte schon

1863 das Literatencafé Tergesteo, das sich seither mehrfach und jüngst ins vegane Restaurant **Giardino Tergesteo** verwandelt hat. Er reicht

bis zur benachbarten **Piazza G. Verdi**, wo im **Teatro Giuseppe Verdi** ➊ seit Beginn des 19. Jh. Opern und Konzerte intoniert werden. Neben dem eleganten Musentempel lädt das **Caffè Tommaseo** ➌ im originalen Interieur von 1830 und umweht vom mondänen Flair vergangener Zeiten zu *caffè* oder *aperitivo* ein (Piazza Nicolò Tommaseo 4c, www.caffetommaseo.it, 10–23 Uhr).

Hinauf in die frühe Stadtgeschichte

Die **Piazza dell'Unità d'Italia** liegt zu Füßen des Colle di San Giusto, wo um das Jahr 50 v. Chr. mit der Gründung der römischen Kolonie Tergeste die Stadtentwicklung begann und auf die antiken die mittelalterliche Stadt wuchs, die sich allmählich zum Meer hin ausdehnte. Auf dem Colle di San Giusto ruhen vor der Kulisse des Castellos und neben der Cattedrale die

Reste des **Foro Romano** `12`. Von dort oben bietet sich ein herrliches Stadt- und Küstenpanorama.

Castello und Cattedrale
Das **Castello di San Giusto** `13` wuchs zwischen 1471 und 1630 am Standort einer zerstörten venezianischen Festung. Es beherbergt ein **Waffenmuseum,** das **Lapidario Tergestino** mit römischen Mosaiken und Mauerfragmenten sowie das **Alinari Image Museum (AIM),** das sich in einem computertechnisch hochgerüsteten Studio mit historischer und zeitgenössischer Fotografie befasst und spannende Wechselausstellungen zum Thema zeigt (Via Cattedrale 3, www.castellodisangiustotrieste.it, Di–So 10–19 Uhr, 3 €; www.imagemuseum.eu, Di–So 10–17, April–Okt. 19 Uhr, 6 €). Auffälligstes äußeres Gestaltungsmerkmal der im 14. Jh. aus zwei Vorgängerkirchen komponierten, ansonsten schlicht romanischen **Cattedrale di San Giusto** `14` (9.–11. Jh.) ist ihre filigran gestaltete gotische Fensterrosette. Die Reste eines Bodenmosaiks aus dem 5. Jh. in ihrem fünfschiffigen Innern belegen, dass bereits die beiden älteren Kirchen, von denen eine der Jungfrau Maria und die andere Triests Schutzpatron San Giusto geweiht ist, auf eine frühchristliche Basilika gründeten, die ihrerseits einen römischen Tempel zum Fundament hatte (Piazza della Cattedrale, www.diocesi. trieste.it, Mo–Sa 7.30–12.30, 15.30–19, So, Fei 8–20 Uhr).

Römische Relikte
Gleich nebenan ist im **Civico Museo di Storia ed Arte/Orto Lapidario** `15` eine Kollektion antiker Skulpturen und Inschriften zu bestaunen. Darin birgt ein neoklassizistisches Tempelchen das tatsächlich leere Grab des anno 1768 in Triest ermordeten deutschen Archäologen Johann Joachim Winckelmann (Via della Cattedrale 15, www.museostoriae artetrieste.it, Di–Sa 10–13, 16–19, So 10–19 Uhr). In den Stadttagen unter dem Castello und der Cattedrale entdeckt man ebenfalls hier und da alte Römersteine, die im Falle vom **Arco di Riccar-**

Ein launiges Buch über seine Heimatstadt und die Marotten ihrer Bewohner hat **Mauro Covacich** (geb. 1965) geschrieben. Es heißt »Trieste sottosopra« und wurde unter dem Titel »Triest verkehrt« ins Deutsche übersetzt (Wagenbach Verlag).

do `16` und dem **Teatro Romano** `17` aus dem ersten vor- bzw. nachchristlichen Jahrhundert noch nahezu unversehrt aufeinander stehen. Das römische Theater ist übrigens ein Schauplatz von Veit Heinichens Kriminalromanen, weil die reale Questura (Polizeirevier), in der auch der fiktive Commissario Proteo Laurenti stationiert ist, direkt vis-à-vis von dem antiken Musentempel erbaut wurde.

Auf den Spuren der Triestiner Juden wandeln
Zwischen der historischen Keimzelle auf dem Gipfel der Hafenstadt und ihren Salons am Meer liegt das ehemalige **Ghetto Ebraico** `18`, das 1696 unter Leopold I. eingerichtet und 1784 von Joseph II. aufgelöst wurde. Wenn Sie es via Portizza di Riborgo von der Piazza della Borsa ansteuern, finden Sie in einem fast romantisch anmutendem Stadtviertel wieder. Das auch Riborgo genannte kommerziell und gastronomisch lebendige Quartier ist von schmalen Gassen geädert und voller kleiner Modeläden und Antiquariate, Cafés, Restaurants und Kneipen. Die weniger idyllische Vergangenheit des jüdischen Ghettos enthüllt sich im **Museo della Comunità Ebraica di Trieste Carlo e Vera Wagner** `19` am Fuße der steil ansteigenden Via del Monte. Das wirklich gut gemachte Museum lässt uns mit Dokumenten, Fotos, Erinnerungsstücken und dem rituellen Inventar längst verschwundener Synagogen Wohl und Wehe der jüdischen Community vom Mittelalter bis in die

Nur einer der ›Palazzi Prozzi‹ an der Piazza dell'Unità d'Italia – der Palazzo del Governo

Gegenwart Revue passieren und hat selbst eine bewegende Geschichte. Seit den 1920er-Jahren organisierte die Ausreiseagentur Misrad hier Schiffspassagen von Triest nach Amerika und Israel, sodass das Haus einst eine wichtige Anlaufstelle für Juden aus ganz Europa war (Via del Monte 5–7, www.triestebraica.it, Mo–Fr 10–13, Do auch 10–16 Uhr, 5 €).

Während die Gebetsstätte im Museum, in der die Emigranten eine gute Reise erflehten, noch bis 1987 in Betrieb war, wurden die anderen vier Synagogen im Ghetto nach Eröffnung der großen **Sinagoga** 20 im Jahr 1912 geschlossen. Der orientalisch anmutende Tempel ist nach der von Budapest die zweitgrößte Synagoge Europas und er übernahm die seelsorgerische Betreuung der seit dem ausgehenden 18. Jh. sprunghaft angewachsenen jüdischen Bevölkerung (Via San Francesco 19, www.triestebraica.it, Führungen Mo, Mi 16, 17.30, Di 10, 11.30, So 10, 11, 12 Uhr, 3,50 €).

Durch die Cavana und den Borgo Giuseppino schlendern

Die **Cavana,** neben Colle San Giusto und Ghetto Ebraico (Riborgo) das dritte Quartier von Triests Città Vecchia,

schmiegt sich in unmittelbarer Nachbarschaft zur Piazza dell'Unità an den kastellgekrönten Altstadthügel. Sie ist

ÜBRIGENS

Nachdem Joseph II. mit seinem Toleranzpatent die Diskriminierung von Juden verboten hatte, siedelten sich Juden aus dem benachbarten Venedig und anderen Teilen Europas in Triest an, wovon die Stadt sowohl in ökonomischer als auch kultureller Hinsicht enorm profitierte. Die seit Beginn des 13. Jh. nachgewiesene jüdische Gemeinde zählte bei Einweihung der neuen Synagoge gut 5000 und am Vorabend des Holocaust sogar 7000 Mitglieder, die dann das traurige Schicksal ihrer Glaubensbrüder in anderen von Deutschen besetzten Landen teilten. Einige von ihnen starben direkt vor der eigenen Haustür in der zum KZ mutierten **Risiera di San Sabba** 42 (▸ S. 29). Heute zählt Triests jüdische Community gut 600 Menschen.

2

Immer am Meer entlang – **Le Rive**

Von den Rive (Ufer) schweift der Blick über den Leuchtturm von Barcola bis zum schneeweißen Schloss Miramare und hinauf zu den karstig-grünen Küstenhängen mit der monströsen Betonkirche auf dem Monte Grisa. Unten säumen der Schiffsterminal, der alte Fischmarkt und Hunderte von Segelbooten den Weg vom Molo Audace zum Bagno Lanterna, wo das Bad in der Adria wie in alten Zeiten ein strikt getrennt-geschlechtliches Vergnügen ist.

Der **Molo Audace** 27 ragt wie ein überdimensionaler Laufsteg 246 m weit in die Adria und animiert zum ›Gang übers Wasser‹, bei dem man die Stadt und das imposante Industriebautenensemble des **Porto Vecchio** 28 vom Meer aus ins Visier nimmt. Die Hafenmole hieß früher einmal Molo San Carlo, weil sie in den 1740er-Jahren auf den Trümmern eines havarierten gleichnamigen Schiffes errichtet worden war. 1922 widmete man sie dem im November 1918 hier vor Anker gegangenen italienischen Zerstörer Audace, dessen Besatzung Triest von den Habsburgern befreite.

Italienische Heldenmeile

Die Denkmäler an Land transportieren ebenfalls die frohe patriotische Botschaft. Neben dem **Monumento dei Bersaglieri** 29 nähen die **Mule** (Mädchen) **di Trieste** 30 an der italienischen Tricolore. Ein paar Meter weiter trotzt Nazario Sauro in wehendem Mantel Wind und Wetter, das hier im Winter übrigens recht ungemütlich werden kann, wenn die eiskalte Bora vom slowenischen Hinterland aufs Meer bläst. Die bronzene Inkarnation des von den Österreichern aufgeknüpften Marineoffiziers bzw. das **Monumento Nazario Sauro** 31 steht vor der **Stazione Marittima** 32 aus den 1920er-Jahren im Stil des italienischen Rationalismus. Sie fungiert als Kongresszentrum und zugleich Anleger für Kreuzfahrtriesen und Nahverkehrsschiffe.

Die **Vecchia Pescheria** 33 an der benachbarten Hafenmole hat einen Glockenturm und mutet

B BORA

Die Bora fegt mit weit über 100 km/h vom karstigen Hinterland über die Stadt und bringt ihre Bewohner bisweilen gehörig ins Straucheln, sodass an manchen Hauswänden Kordeln zum Festhalten hängen. Alles Wissenswerte über den scharfen Nordwind sammelt das **Museo della Bora** 35 (Via Belpoggio 9, Besichtigung auf Anfrage: T 040 30 74 78; www.museobora.org, Eintritt frei).

Gute Platzwahl am Molo Audace: In einer Stadt mit Meersicht im Überfluss muss man sich schließlich was einfallen lassen.

fast wie eine Kirche an. Der Jugendstilpalazzo beherbergt in einem Seitentrakt schon seit 1933 das **Acquario Marino** 34 mit allerlei Meeresgetier und Reptilien, das allerdings etwas düster und depressiv stimmt und ein Update dringend nötig hat. Die jüngst restaurierte alte Fischverkaufshalle mit dem poetischen Namen **Salone degli Incanti** (Salon der Verzauberung) präsentiert sich dagegen als freundlich-heller Kulturtempel für Wechselausstellungen moderner und zeitgenössischer Kunst.

Damen links, Herren rechts

Direkt nebenan verlockt in einem zeitgenössisch aufgepeppten Weinmagazin aus dem Jahre 1902 das kulinarische Schlaraffenland **Eataly** 4, von wo es immer weiter am Meer entlang vorbei am Takelagenwald unzähliger Segelboote gen Leuchtturm auf dem Molo Fratelli Bandiera geht. Direkt unter der 1833 an- und 1969 ausgeknipsten Laterne lockt das **Bagno La Lanterna** 1 seit 1903 mit getrenntgeschlechtlichen Badefreuden an feinkieseligen Adriagestaden. Weil sich Soldaten der k. u. k. Armee sich hier gern entlaust haben (sollen), ist das zum Kult avancierte Armeeleutebad auch unter **El Pedocin** (Die Laus) bekannt. Dass Damen und Herren hier nach wie vor getrennt von einer Mauer schwitzen und schwimmen, ist in einer Umfrage erklärter Volkswille. Die Frauen schätzen das (Sonnen-)Bad ohne taxierende Blicke der Männer und die wiederum einen Strandtag ohne Kind und Kegel. Wenn Sie lieber mit dem oder der Liebsten in die Fluten steigen, gehen Sie ins ebenfalls retrocharmante **Bagno Ausonia** 2 gleich nebenan!

INFOS/ÖFFNUNGSZEITEN
Acquario Marino 34:
Molo Pescheria 2, Riva Nazario Sauro, www.aquariomarinotrieste.it, Do–Di 9–19 Uhr, 4,50 €
Salone degli Incanti:
salonedeglincanti.comune.trieste.it
Bagno La Lanterna 1:
Juni–Sept., 1 €
Bagno Ausonia 2:,
www.ausonia.trieste.it, Juni–Sept., je nach Dauer des Aufenthalts 4,50–6 €

HINSETZEN ODER MITNEHMEN?
Eataly 4: Riva Tommaso Gulli 1, www.eataly.net, Mo–Do, So 9–22.30, Fr, Sa 9–24 Uhr. Der recht teure Gourmettempel verführt mit allen erdenklichen kulinarischen Genüssen aus Friaul-Julisch-Venetien und dem Rest des Belpaese zum Mitnehmen oder frisch gekocht zum Verzehr vor Ort.

Cityplan: S. 20

ein Paradebeispiel für Gentrifizierung, weil sich der bis dahin verwahrloste Stadtteil seit Mitte der 1990er-Jahre von der düsteren No-go-Area zum trendigen *place to be* gemausert hat. Ihre außen behutsam restaurierten und innen zeitgemäß renovierten historischen *palazzi* sind inzwischen bevorzugte Wohnadressen und gefällige Kulissen für schick-urbane und zeitgeistig-alternative Geschäfte, Bars, Cafés und Restaurants. Insbesondere die Achse Piazza Cavana–Via Cavana–Piazza Hortis–Via Torino gibt sich als sympathischer Ort der Movida mit guter Stimmung und metropolitanem Flair. Sie lädt vom Aperitif bis zum Absacker zum feuchtfröhlichen Flanieren ein und überwindet die Stadtteilgrenze zum meerwärts anschließenden **Borgo Giuseppino,** der nicht nur allerlei gastronomische Vorzüge, sondern viel Kunst und Kultur in petto hat.

An der **Piazza A. Hortis** steht mit dem Rücken zur **Biblioteca Civica** 21 eine **bronzene Reinkarnation von Italo Svevo (1861–1928)** 22, der nach seinem eigentlichen Vater eigentlich Ettore Schmitz hieß. Triests großer Dichtersohn war mit James Joyce befreundet und ist mit ihm im **Museo Sveviano** und **Museo James Joyce** 23 auch posthum vereint. Das Museum dokumentiert mit

Der deutsche Schriftsteller **Veit Heinichen** hat mit Triest nicht nur seine Wahlheimat, sondern auch den literarischen Schauplatz von bislang elf Kriminalromanen gefunden, von denen einige mit Henry Hübchen in der Hauptrolle fürs deutsche Fernsehen verfilmt wurden. Auf der Website des Autors stehen alle Titel (zuletzt »Scherbengericht«), Tatorte, Tische und Theken, an denen Commissario Laurenti gern isst und trinkt (www.veitheinichen.eu).

Texten und Bildern die Lebens-, Werks- und Beziehungsgeschichte von Svevo und Joyce (1882–1941). Der nicht minder berühmte Ire lebte von 1904 bis 1915 in Triest, das sich um die vorletzte Jahrhundertwende als eine »literarische Hauptstadt in Mitteleuropa« profilierte, wovon Claudio Magris (geb. 1939), graue Eminenz unter den Gegenwartsautoren, in seinem gleichnamigen Buch erzählt (Via Madonna del Mare 13, www.museosveviano.it, Mo, Di 9–13, Mi–Fr 9–13, 15–19, Sa 9–13 Uhr, Eintritt frei).

Die Via Torino, an der das **Museo della Civiltà Istriana Fiumana e Dalmata** 24 die Kultur- und Leidensgeschichte der nach dem Zweiten Weltkrieg aus Ex-Jugoslawien vertriebenen Italiener erzählt, führt geradewegs zur **Piazza Venezia,** dem städtebaulichen Herz der ›Josefsstadt‹ (Via Torino 8, www.irci.it, Di–Do 10–13, Fr, Sa 16–19 Uhr, 6 €). Dort legte der Bankier und (Versicherungs-)Unternehmer Pasquale Revoltella (1797–1869) den Grundstock für das **Museo Revoltella. Galleria d'Arte Moderna** 25 (Mi–Mo 10–19 Uhr, 7 €). Der generöse Mäzen investierte nicht nur in Kunst, sondern auch in den Bau des Suez-Kanals, der dem Hafen und Handel von Triest einen enormen Aufschwung bescherte.

Ums Fischen und die Seefahrt geht es im **Museo del Mare** 26 am westlichen Stadtteilrand, das seine maritimen Exponate – allerlei Fischerutensilien, Schiffsmodelle, Uniformen, Fotos und Fahnen – im ehemaligen Lazaretto San Carlo zeigt (Via Campo Marzio 5, www. museodelmaretrieste.it, Do–Di 9–13 Uhr, Eintritt frei). Das alte Krankenhaus liegt nahe der langen Adriauferpromende namens **Le Rive** (27 – 35 ▶ S. 24).

Gang durch den Borgo Teresiano
Bauherrin des Mitte des 18. Jh. schachbrettartig angelegten Stadtteils auf dem Gelände trockengelegter Salinen ist Kaiserin Maria Theresia. Die von mehrstöckigen Wohn- und Geschäftshäusern geprägte ›Theresienvorstadt‹ grenzt im Westen an den gut 100 Jahre

jüngeren **Porto Vecchio** 28 und öffnet sich zur Hälfte unmittelbar dem Meer. Die Hauptschlagader des Viertels ist der Canal Grande, der freilich eher *piccolo* ist und auch ansonsten kaum mit seinem berühmten Namensvetter in Venedig konkurrieren kann. Dennoch flaniert man in Triest gern über seine repräsentativ bebauten und gastronomisch belebten Uferpromenaden. Vom Meer kommend, passiert man u. a. den farbig-geometrisch gemusterten **Palazzo Gopcevic** (1850), in dem das **Museo Teatrale Carlo Schmidl** 36 mit einem bunten Exponatenmix (Musikinstrumente, Kostüme, Fotos, Gemälde …) die lokale Musik- und Theatergeschichte erzählt (Via Rossini 4, www.museoschmidl.it, 9–19 Uhr, 4,50 €).

Kirchen und Kaffeehäuser
Die innerstädtische Wasserader wird von der **Piazza Ponterosso** mit morgendlichem Obst-, Gemüse- und Blumenmarkt flankiert und vom **Ponte Rosso** 37 mit **James Joyce in Bronze** und Lebensgröße überbrückt. Sie versiegt vor einer kleinen Parkanlage zu Füßen der tempelartigen **Chiesa Sant'Antonio Taumaturgo** 38, die 1849 geweiht und nach einem Entwurf von Pietro Nobile (1776–1854) gebaut wurde. In deren Nachbarschaft animiert das historische Kaffeehaus **Stella Polare** 5 zu einem Päuschen und ruft die neobyzantinische, innen üppig vergoldete serbisch-orthodoxe Kirche **San Spiridone** 39 seit 1868 zum Gebet. Einige Straßen weiter glänzt das 1787 direkt ans Meer gesetzte griechisch-orthodoxe Gotteshaus **San Nicolò** 40 mit prunkvollem Interieur in schlichter neoklassizistischer Hülle.
Der Borgo Teresiano integriert verkehrsumtoste Plätze wie die Piazza Goldoni oder die Piazza Oberdan, Talstation der historischen **Tram di Opicina** (▶ S. 34), und entzückt Leser von Veit Heinichen mit der Piazza San Giovanni. Der gute Kaffee und die große Weinauswahl in Commissario Laurentis Lieblingslokal **Gran Malabar** 6 (Piazza San Giovanni 6, Mo–Sa 6.30–22 Uhr) sind nicht fiktiv, sondern ganz real – und über allem wacht Giuseppe Verdi höchstselbst.

Immer in Gesellschaft: James Joyce aus Bronze gehört zu den beliebtesten Fotomotiven der Stadt.

Triests Hafencity
Vor den Toren des Borgo Teresiano erhebt sich das Hauptportal des **Porto Vecchio** 28, ein wirklich faszinierendes Areal, das allerdings nicht in Gänze und streckenweise nur auf recht unwirtlichen Wegen zu erkunden ist. Das ausladende historische Gebäudeensemble, von dem allein das **Umspannwerk** (Sottostazione Elettrica) sowie die **Hydraulikdruckzentrale** (Centrale Idrodinamica, Fr 17–19, Sa, So 11–13 Uhr, Eintritt frei) zu eingeschränkten Öffnungszeiten von innen zu besichtigen sind, bezeugt Triests Vergangenheit als bedeutender österreichisch-habsburgischer Hafen und weist zugleich in die Zukunft. Die im Original erhaltenen, wenn auch hier und da verfallenen und verwahrlosten Industriekathedralen wurden zwischen 1861 und 1898 nach dem Vorbild nordeuropäischer Speicherstädte erbaut. Sie dienen blockweise noch ihrem ursprünglichen Lagerzweck, waren und sind punktuell (Maggazino 26) schon kulturell genutzt und sollen binnen gut zehn Jahren ein innovatives urbanes Quartier im Stil von Hamburgs HafenCity sein. Viele Triestiner zweifeln an der schnellen Umsetzung dieser schon lange diskutierten Stadtentwicklungspläne, die

KAFFEEMETROPOLE TRIEST

Schon seit 300 Jahren landet und lagert im Hafen von Triest Rohkaffee aus Südamerika, Asien und Afrika, von dem so mancher Sack direkt vor Ort verarbeitet wird. Bedeutendster Kaffeeröster ist Illy, inzwischen weltweit ein Synonym für italienische Kaffeekultur. Schon bevor die aus Ungarn zugewanderte Familie Illy 1933 ins Geschäft einstieg, machte sich 1892 die Firma Hausbrandt einen Markennamen. Noch in Handarbeit röstet die winzige **Torrefazione Triestina** 🄰, die die rohen Bohnen gleich hinter ihrem Altstadtladen bräunt. Triest veranstaltet alle zwei Jahre die internationale Messe **TriestEspressoExpo** (Ende Okt. 2018, 2020 …, www.triestespresso.it) und hat ein **Museo del Caffè** 🟧41 (Via San Nicolò 7, 2. Stock, Mo–Fr 10–13 Uhr, auf tel. Anfrage 040 670 12 69, Eintritt frei). Dass Kaffee hier Wirtschaftsfaktor, aber auch kulturelles Lebenselexier war und ist, beweisen aufs Schönste die historischen Kaffeehäuser. Die Lokale, in denen an der Wende vom 19. zum 20. Jh. Dichter und Denker debattierten und national gesinnte Italiener (Irredentisten) den Umsturz und Anschluss an Italien planten, heißen **Caffè degli Specchi** ❶, **Tommaseo** ❸, **Stella Polare** ❺ (Via Dante 14, 7–22 Uhr), **San Marco** ❼ (Via Battisti 18, www.caffesanmarcotrieste.eu, 9–22.30 Uhr) und **Torinese** ❽ (Corso Italia 2, www.anticocaffetorinese.ts.it, 7–24 Uhr). Sie gelten bis heute als Treffpunkte der Intellektuellen- und Literatenszene.

durch Triests Ernennung zur Europäischen Hauptstadt der Wissenschaft 2020 einen neuen Schub bekommen haben. Jedenfalls soll der Porto Vecchio dann Austragungsort der größten interdisziplinären Wissenschaftskonferenz Europas, kurz ESOF (Euroscience Open Forum), sein.

Baden in Bàrcola

Der Porto Vecchio erstreckt sich bis zum etwa 5 km entfernten ›Badevorort‹ **Bàrcola**, wo man unter der Obhut des nationalmonumentalen **Faro della Vittoria** über Treppen und Rampen in die Fluten steigen kann. Zum Son-

nenbaden legt man sich direkt auf die gemauerten Uferpromenaden, lässt aber freundlicherweise genug Platz fürs Flanieren und den Verkehr von Eis- und Getränkewagen frei. Am Lungomare Benedetto Croce säumt obendrein ein schattenspendender Pinienwald das Meer. An anderer Badestelle stehen erhabene halbrunde Plattformen für Handtuch und Liege und unter denselben Toiletten und Umkleidekabinen bereit. Weil immer zwei dieser Terrassen zusammen angeordnet und von oben betrachtet den Ohren einer Maus gleichen, wird sie auch **Bagno ai Topolini** (Mäuschen) genannt. Nur an einem einzigen **Uferabschnitt von Barcola** (Squero) geht's von einem winzigen Strand ins Wasser. Gleich daneben betört auf einem Felsbrocken eine bronzene Nixe namens **Mula di Trieste,** die irgendwie an die berühmte Meerjungfrau in Kopenhagen denken lässt. Der ›Siegesleuchtturm‹ wurde übrigens zur Sicherheit des Schiffsverkehrs und Ehre der im Ersten Weltkrieg gefallenen italienischen Seeleute errichtet, ging 1918 in Bau und 1927 in Betrieb, ist knapp 68 m hoch und mit allegorischen Skulpturen dekoriert. Wer ihn besteigen will, muss am Wochenende kommen (Strada del Friuli 114, Sa, So 10–13, 15–19 Uhr, Eintritt frei).

MUSEEN, DIE LOHNEN

Moderne Malerei
Das **Museo Revoltella. Galleria d'Arte Moderna** 25 präsentiert italienische und internationale Malerei aus dem 19. und 20. Jh., darunter Werke von De Nittis, Nono, De Chirico, Morandi, Zorn und von Stuck. Die Gemäldegalerie war noch von Pasquale Revoltella (1797–1869) selbst in seiner privaten Villa eingerichtet worden, ist nach dessen letztem Willen seit 1872 ein Museum und belegt unterdessen auch die von Stararchitekt Carlo Scarpa postmodernisierten *palazzi* Brunner und Basevi gleich nebenan.
Via Diaz 27, www.museorevoltella.it, Mi–Mo 10–19 Uhr, 7 €

Berührend und beschämend
Die **Risiera di San Sabba** 42, ein ausgedientes Reisschälwerk am Stadtrand von Triest, war während der deutschen Besatzung das einzige KZ auf italienischem Boden, das mit einem Krematorium ausgestattet war. Seit 1965 fungiert es als nationale Gedenkstätte. In dem unterdessen renovierten Gebäude, in dem die Zellen im Originalzustand belassen wurden, dokumentiert eine Dauerausstellung das traurige historische Geschehen.
Via Giovanni Palatucci 5, www.risierasansabba. it, tgl. 9–19 Uhr, Eintritt frei

Friedliche Mission
Das **Museo della Guerra per la Pace Diego de Henriquez** 43 (Museum des Krieges für den Frieden) fährt im wahrsten Wortsinne schwere Geschütze auf, die der offenbar etwas skurrile Diego de Henriquez (1909–1974), der z. B. immer in einem Sarg geschlafen haben soll, im Laufe seines Lebens gesammelt hat. Waffen und anderes Kriegsgerät sind vor der Kulisse von Fotos, Flugblättern und Filmen, Plakaten und Gemälden, Texten und Tabellen drapiert, die ihre zerstörerische Wirkung sofort eindringlich demonstrieren. Alles zusammen fügt sich zu einer anschaulichen und anrührenden Ausstellung über die Geschichte der beiden Weltkriege im Raum Triest, die die (Bus-)Reise an die südöstliche Peripherie allemal lohnt, zumal man direkt nebenan das **Museo di Storia Naturale** 44 anschauen kann.
Museo della Guerra per la Pace: Via Cumano 22, www.museodiegodehenriquez.it, Mo–Fr 10–17, Sa, So 10–19 Uhr, 6 €
Museo di Storia Naturale: Via dei Tominz 4, www.museostorianaturaletrieste.it , Mo–Fr 10–17, Sa, So 10–19 Uhr, 3 €, beide Museen zusammen 7 €

SCHLEMMEN, SHOPPEN, SCHLAFEN

🏠 In fremden Betten

Einfach (und) gut
James Joyce
Kleines Drei-Sterne-Hotel in einem originalgetreu restaurierten Palazzo aus dem 18. Jh. Es hat einfach ausgestattete Zimmer, zentrale Altstadtlage, unprätentiösen Charme und serviert das Frühstück im u. g. Schwesterhotel gleich vis-à-vis.
Via dei Cavazzeni 7, T 040 30 20 65, www.hoteljamesjoyce.com, DZ ab 80 €

Zeitgeist auf antiken Fundamenten
Urban Hotel Design 2
Hier spürt man den Atem der Geschichte und zugleich den Puls der Zeit. Das Designhotel des 21. Jh. profiliert sich mit kühl gestyltem Komfort und eröffnet durch einen gläsernen Fußboden im

Frühstücksraum die Aussicht auf seine römischen Fundamente.

Androna Chiusa 4, T 040 30 20 65, www.urban hotel.it, DZ ab 100 €

Mit Geschmack und Gemütlichkeit
L'Albero Nascosto ❸

Mit Geschmack restaurierter und möblierter historischer Stadtpalazzo in zentraler Lage, der mit gemütlichen Zimmern und einem frischen und fruchtigen Frühstück für Wohlfühlatmosphäre sorgt. Besonders reizend ist das Apartment ›zwischen Himmel und Meer‹! Kein Aufzug.

Via Felice Venezian 18, T 040 30 01 88, www.alberonascosto.it, DZ um 140 €

Noblesse im Stadtsalon
Grand Hotel Duchi d'Aosta ❹

Die Luxusherberge mit antikem Interieur bietet seit 1873 erlesenen Übernachtungskomfort, integriert das auf hohem (Preis-)Niveau bekochte Restaurant Harry's und ist, weil sie bisweilen günstige Angebote macht, je nach Reisetermin auch für weniger gut Situierte eine unvergessliche Option.

Piazza Unità d'Italia 2, T 040 760 00 11, www.duchi.eu, DZ ab 140 €

⏹️ **Satt & glücklich**

Kaffeefreuden … und mehr
Caffè degli Specchi ❶, **Harry's** ❷:
▶ S. 19
Caffè Tommaseo ❸: ▶ S. 21
Eataly ❹: ▶ S. 25
Gran Malabar ❻: ▶ S. 27
Stella Polare ❺, **Caffè San Marco** ❼, **Caffè Torinese** ❽: ▶ S. 28

Klein, aber fein
Nero di Seppia ❾

Lassen Sie sich in diesem winzigen Restaurant von freundlichen Menschen mit exzellenter maritimer Küche verwöhnen! Sehr beliebt, sicherheitshalber rechtzeitig reservieren.

Via Cadorna 23, T 040 30 13 77, 339 153 90 39, www.trattorianerodiseppia.com, Di–Sa mittags und abends, Menü um 40 €

Fröhliche Fischgelage
Osteria Salvagente ❿

Leckerer Fisch, süffiger Hauswein, gute Stimmung und faire Preise, regelmäßig Livemusik unter dem Motto ›Swing and Fish‹, an den Wänden Rettungsringe, (Salvagente!), Fischernetze und lustige Plakate.

Via dei Burlo 1c, T 040 260 66 99, Mi–So mittags u. abends, Menü 30 €

Gut, günstig, gemütlich
Osteria de Scarpon ⓫

Preisgünstige lokale Fischküche, z. B. *sardoni in savor* (mit Zwiebeln und Essig eingelegte Sardinen), in Gesellschaft von Einheimischen und unprätentiösfreundlicher Atmosphäre.

Via Ginnastica 20, T 040 36 76 74, Di–So mittags und abends, Menü 35 €

Wohlfühlort
Nero in B ⓬

Das von Soledad Copetti mit Herz geführte und von ihrem Designergatten Claudio Giachin in geschmackvollgemütlichem Industriedesign gestaltete Lokal ist genau der richtige Ort, um bei einem aromatischen Nero in B (Espresso im Glas), einem guten Glas Wein und wechselnden süßen und herzhaften Snacks zu entspannen.

Via Cadorna 21a, T 040 247 47 57, www. neroinb.com, Di–Do, So 8–20, Fr, Sa 8–22 Uhr, Glas Wein 6 €

Fleischlos glücklich
Genuino ⓭

Obwohl man hier auch einige Fleischgerichte bestellen kann, gilt der minimalistisch zeitgemäß gestylte Edelimbiss im ehemaligen Ghetto als erste kulinarische Adresse für Vegetarier und Veganer.

Via delle Beccherie 13, www.genuino. com, T 040 064 04 90, Mo–Fr 12–22, Sa 12–22.30 Uhr, veganer Hamburger 8,50 €

Kulinarisches Erlebnis
Scabar ⓮

Die sympathische Kultköchin und Kochbuchautorin Ami Scabar, übrigens Ehefrau von Krimiautor Veit Heinichen, kocht

lecker und leidenschaftlich nach Triestiner Vielvölkerart. Sie ist eine Meisterin der raffinierten Meeresküche und führt zusammen mit ihrem Bruder Giorgio das 1967 von den Eltern gegründete Restaurant an Triests Peripherie, das ich Ihnen wärmstens ans kulinarische Herz lege.
Erta di Sant'Anna 63, T 040 81 03 68, www.scabar.it, zu erreichen mit Bus 34, Di–So mittags u. abends, Menü um 60 €

Stöbern & entdecken

Flohmarkt
Mercatino dell'Antiquariato e dell'Usato d'Epoca ⑤
Erinnerungen an altösterreichische Zeiten werden an jedem 3. Sonntag im Monat im Ghetto Ebraico wach.

Originelles aus Holz
Vud Design ❶
Rosa und Filippo kreieren Möbel, Dekorations- und Alltagsobjekte aus Nussbaum, Kirsche, Buche und Eiche.

Ihre Schneidebretter sind in der Triestiner Szene Kult!
Via Diaz 15a, www.vud-design.com, Di–Sa 10–13, 15.30–18 Uhr

Für toughe Frauen
Stranomavero ❷
Antonella Caprioli macht tollen Schmuck aus Aluminium und verkauft dazu gleich die passende Kleidung, entworfen von italienischen und vorzugsweise Triestiner Modemacher(-innen).
Via Felice Venezian 7b, www.stranomavero.biz, 9.30–13, 15.30–19.30 Uhr

Viel (alte) Zeit
Rigatteria ❸
Wenn Sie ein Faible für alte Gemälde, Bücher und Karten, nostalgisches Geschirr, Besteck und Glas haben, sollten Sie viel Zeit für das Durchstöbern des gut sortierten Familienantiquariats im Ghetto Ebraico einplanen!
Via Malcanton 12, www.rigatteria.com, Di–Sa, jeder 3. So im Monat 9–12.30, 16–19.30 Uhr

Aromatisches und Süßes
Torrefazione La Triestina ❹
In dem nostalgischen Altstadtladen gibt es neben dem aromatischen Kaffee der kleinsten Triestiner Rösterei, der hier natürlich auch heiß und flüssig zu verkosten ist, hübsch verpackte Tees und

Süßigkeiten, Tassen, Kannen, Döschen etc.
Via Cavana 2, www.torrefazionelatriestina.it,
tgl. 8–20 Uhr

....

☼ Wenn die Nacht beginnt

Vor dem Abendessen, Opern- oder Thea-
terbesuch pflegt man in Triest, vielleicht
noch leidenschaftlicher als anderswo
im Belpaese, die schöne italienische
Feierabendsitte des Aperitif, hier nach
österreichischem Vorbild oft ein Spritz
Bianco mit Weißwein und Wasser oder
dessen rote italienische Variante mit
Prosecco und Aperol. Man schlürft ihn
in Begleitung herzhafter Häppchen
und guter Freunde. Die junge urbane
Szene trinkt und tratscht am liebsten in
trendigen Bars zwischen Piazza Cavana
und Piazza Venezia, wo man sich auch
dopo cena (nach dem Abendessen)
wieder trifft. Jedenfalls ist dort genauso
wie im Ghetto Ebraico und am Canal
Grande vom frühen bis zum späten
Abend etwas los. Im Sommer trinken
und tanzen die *triestini* gern in den
lauschigen Weingärten der **Osmize** (▶ S.
38) oder direkt am Meer, z. B. bei den
seit Jahren angesagten Disconächten im
historischen **Bagno Ausonia** ❷ (Riva
Traiana 1, www.ausonia.trieste.it).

Oper und Konzert
Teatro Giuseppe Verdi ☼
Triests elegantes Opernhaus, zwischen
1798 und 1801 von denselben Architekten wie Venedigs Fenice erbaut und
1901 auf Verdi getauft, ist eine an sich
schon erlebenswerte Kulisse für Opern,
Konzerte und Ballett.
Piazza Giuseppe Verdi, www.teatroverdi-trieste.
com

Am Puls der Zeit
Draw Food ☼
Mit Geschmack renoviertes Altstadt-
lokal im Upcycling- und Vintagedesign,
in dem guter regionaler Wein und
Craftbeer ins Glas, gesunde Rohkost auf
den Teller und nette Leute von heute
zusammenkommen.
Via Torino 26, tgl. 9–1, Fr, Sa 9–3 Uhr

*Ob Sprung ins kalte Wasser
oder abendlicher Ausgang –
das Bagno Ausonia ist Kult.*

Alternativkulturkneipe
Knulp ☼
Das Knulp, benannt nach einer literarischen Figur von Hermann Hesse, ist eine
sympathische Kombination aus Kneipe
und Kulturzentrum und in diesem Seg-
ment eine Triestiner Institution. Es integriert eine Buchhandlung, präsentiert
regelmäßig Livekonzerte, Ausstellungen
und Lesungen, ist ein Forum lokal- und
kulturpolitischer Diskussion und bei
älteren Alternativen ebenso beliebt wie
bei jungen Kreativen.
Via Madonna del Mare 7, www.knulp.org, tgl.
10–24 Uhr

....

☼ Sport & Aktivitäten

(Stadt-)Wandern
Der Infopoint Turismo FVG Trieste (▶ S.
33) bietet von Juni bis Sept. täglich
um 10.30 Uhr und ansonsten an den
Wochenenden geführte **Stadtrund-
gänge** an (vorher dort anmelden,
9 €). Nachmittags gibt's thematische
Führungen, z. B. unter literaturhistori-
schen Aspekten. Wer lieber auf eigene
Faust loszieht, bekommt Audioguides
(5 €, 2 Pers. 8 €).

Badefreuden
Bagno La Lanterna ❶
Bagno Ausonia ❷
▶ S. 25

Mit Freu(n)den Italienisch lernen
Piccola Università Italiana ❸
In der in Kalabrien gegründeten und
vor fünf Jahren mit einem zweiten
Standort nach Triest ausgeschwärmten
Italienischsprachschule werden Sie mit
Spaß Italienisch lernen: Die Lehrkräfte
sind qualifiziert, die Unterbringung gut
und das Veranstaltungs- und Ausflugs-
programm unterhaltsam und spannend.
Via A. Diaz 16, www.piccolauniversitaitaliana.com

···
INFOS & TERMINE
···

Infopoint Turismo FVG Trieste: Via
dell Orologio1/Ecke Piazza dell'Unità
d'Italia, T 040 347 83 12, www.turis
mofvg.it, Mo–Sa 9–18, So 9–13 Uhr
FVG-Card: freier Eintritt in fast allen
Museen, Ermäßigungen bei Führungen
und Exkursionen, in Themenparks,
Sporteinrichtungen, Strandbädern etc. in
ganz Friaul-Julisch-Venetien; erhältlich
für 2, 3 oder 7 Tage (18, 21, 29 €)
Flughafen: ▶ S. 108
Bahn: von der Stazione Centrale an der
Piazza della Libertà 11 gute Verbindun-
gen nach Venedig und Udine
Bus und Schiff: Busse innerhalb
der Stadt und in die Umgebung der
Gesellschaft Trieste Trasporti, die auch
die Tram di Opicina betreibt und vom

Molo Bersaglieri ganzjährig Schiffe nach
Muggia und saisonal (Juni–Sept.) nach
Barcola, Grignano und Sistiana schickt.
Tickets (Einzel- 1,25 €, Tagesticket 4,35 €)
im Automaten, in Tabakwarengeschäften,
am Bahnhof oder an der Piazza Oberdan
(www.triestetrasporti.it).
Parken: mehrere Parkhäuser, z. B. Silos
am Bahnhof
Barcolana: Anfang Okt., www.bar
colana.it. Seit 1969 veranstaltete
weltgrößte Segelregatta; Höhepunkt der
Veranstaltung ist der 2. So im Okt.

···
UMGEBUNG VON TRIEST
···

Wanderfreuden …
Der **Karst** ist ein Hochplateau aus
Kalkstein, das von den Italienern *carso*
und den slowenischen Nachbarn *kras*
genannt wird. Er erhebt sich direkt an der
slowenischen Grenze über der Adriaküste
zwischen Muggia und Duino-Aurisina
und ist von mehreren urzeitlichen Grotten
unterhöhlt (▶ S. 34). Über seine
Küstenkante verlaufen wunderschöne
Wanderwege mit Meeresblick (▶ S.
40). In seinem wildromantischen **Val
Rosandra** (ⵘ K 3) bei San Dorligo della
Valle rauschen mehrere Wasserfälle und
grünen und blühen 3000 Pflanzenarten.
Das einzige Tal im Karst ist von hohen
Felswänden flankiert, deshalb auch bei
kletterfesten Alpinisten beliebt und als
**Riserva Naturale Regionale della Val
Rosandra** naturgeschützt
www.riservavalrosandra-glinscica.it

WEIN UND BETT

Bei Boris und Sandi **Skerk**, Benjamin **Zidarich**, Edi **Kante** und **Lupinc** in Prepotto
(ⵘ J 3; Hausnummern 20, 23, 1 a, 11 b) oder **Bajta** auf halber Strecke zwischen
den Örtchen Sgonico und Sales (ⵘ J 3; Sales 108) können Sie gute Weine kosten
und kaufen und in grottentiefe Karstweinkeller hinabsteigen. Sie alle keltern in
kleinen Mengen und zu relativ hohen (Flaschen-)Preisen Terrano, Malvasia und
Vitovska (14–30 €). Familie **Skerlj** (ⵘ J 3; Bajta) züchtet obendrein Schweine und
schottische Highlandrinder, betreibt einen Hofladen sowie ein am Wochenende
deftig-delikat bekochtes Restaurant und vermietet Zimmer (B & B 30–50 €). Auch
bei Lupinc gibt's Kost (Fr–Mo) und Logis (B & B). Im Internet: www.skerk.com,
www.zidarich.it, www.kante.it, www.lupinc.it, www.bajta.it.

3

Hoch hinauf und tief hinunter – Triestiner Karst

Auf Triests karstigem Bergrücken können Sie auf der Strada Napoleonica mit weitem Meerblick wandern und in der größten Schauhöhle der Welt tief unter die Erde schauen. Obendrein locken dort rustikale Landgasthöfe namens ›osmize‹ mit viel deftigem Essen und noch mehr süffigem Wein.

Von Triests Piazza Oberdan geht's mit Bus oder historischer Tram steil hinauf nach Villa Opicina, wo man am **Obelisco** 1 aussteigt, der 1830 als Hommage an Franz Joseph I. dort postiert wurde. Ganz in der Nähe beginnt die auch als Joggingparcours beliebte etwa 4 km lange **Strada Vicentina** oder **Napoleonica** ➊, die Triestinern wie Touristen rund ums Jahr große Wanderfreude macht.

S
SPRITZIG

Der weltweit beliebte und prickelnd belebende **Prosecco** wurde auf das gleichnamige Dorf bzw. eine hier angebaute Rebsorte getauft. Letztere, die auch unter Glera firmiert, wurde 1830 in die venezianischen Prosecco-Hochburgen Valdobbiadene und Conegliano exportiert und wird seit Kurzem auch auf dem Karst wieder kultiviert.

Weite Aussichten

Man wandelt bewacht und belüftet vom steil ansteigenden Felsenwald **Bosco Bertoloni** am karstigen Abgrund über dem Golf von Triest und genießt dabei atemberaubende Aussichten auf die schöne blaue Adria. Gen Süden schweift der Blick über den Hafen hinweg bis an die istrische Küste, im Norden bis zum Schloss Miramare, und an klaren Tagen erkennt man die Lagune von Grado direkt vis-à-vis. Man schaut hinunter auf Triests Küstenquartier Bàrcola und den Faro della Vittoria (▶ S. 28), bis hohe nackte Fels-

wände, die bei schönem Wetter mit Freeclimbern ›behängt‹ sind, nach einer knappen Wanderstunde die Ankunft in Prosecco ankündigen. Dort startet an der Haltestelle **Borgo S. Nazario** 2 der Bus in die Unterwelt des Karstes. Bei Interesse lohnt sich ein Zwischenstopp am **Santuario Monte Grisa** 3, mit dem der Bischof von Triest ein 1945 abgelegtes Gelübde einlöste. Er hatte die Anfang der 1960er-Jahre in brutalistischer Architektur erbaute Kirche der Madonna versprochen, wenn die Stadt im Zweiten Weltkrieg heil bliebe. Der vor Ort als ›Il Formaggino‹ (der kleine Käse) geschmähte Betonbau wurde zum Nationalmonument erhoben und als Zeichen für die Völkerverständigung zwischen Ost und West an die damalige jugoslawische Grenze gesetzt.

Tiefe Einsichten

An der **Grotta Gigante** 4 angekommen, führen 500 Stufen hinunter in die Tropfsteinhalle, die 107 m hoch, 167,60 m lang, 76,30 m breit, 11 °C kalt und 10 Mio. Jahre alt ist. Das als »größte Schauhöhle der Welt« im Guinnessbuch der Rekorde registrierte Naturwunder wurde 1840 zufällig entdeckt, als man einen unterirdischen Lauf des Flusses Timavo suchte, um die Wasserversorgung der in jenen Jahren rasant expandierenden österreichischen Hafenstadt zu garantieren. Die Tropfsteinhöhle ist schon seit 1908 auf schmalen Stegen zu begehen. Ihre vom Wasser vielförmig modellierten und feierlich illuminierten feuchten Kalksteinskulpturen, im Wissenschaftsjargon Stalaktiten und Stalagmiten, sind wie die **Colonna Ruggero** bis zu 12 m hoch und flößen selbst profanen Gemütern Ehrfurcht vor der Schöpfung ein.

Klar, das Radel muss auch mit, wenn sie mal fährt, die Tram di Opicina.

INFOS/ANFAHRT

Grotta Gigante 4: Borgo Grotta Gigante 42 a (Sgonico), www.grotta gigante.it, Di–So April–Sept. 10–18, Okt.–März 10–16 Uhr, 12 €
Tram di Opicina: www.triestetrasporti. it. Die Standseilbahn fällt wg. technischer Probleme öfter aus, dann Bus 42 nehmen.

KULINARISCHES FÜR ZWISCHENDRIN

Trattoria Sociale di Prosecco 1: SP1 280, T 040 22 50 39, Di–Do 8–22.30, Mi 8–15 Uhr, Menü um 30 €. Schmackhafte Hausmannskost fischiger oder fleischiger Art in unprätentiöser und sympathischer Atmosphäre.
Osmize: ▶ S. 38

Märchenschloss am Meer – **Miramare**

Das Castello di Miramare ragt auf einem Felsvorsprung schneeweiß ins blaue Meer und gibt eine gefällige Kulisse fürs Spazierengehen und Sonnenbaden ab. Es ist von einem herrlichen Park umgeben und eines der meistbesuchten Museen an der Oberen Adria.

Das **Schloss von Grignano** 1 wurde zwischen 1856 und 1860 im Auftrag von Erzherzog Maximilian von Habsburg (1832–1867), Bruder von Kaiser Franz-Joseph I. und seinerzeit in Triest stationierter Oberbefehlshaber der österreichischen Kriegsmarine, vom Wiener Architekten Carl Junker in einem architektonischen Stilmix aus Gotik, Neorenaissance und Barock erbaut. Seine Salons und Säle verteilen sich auf zwei Etagen, die um ein Mezzanin (Halbgeschoss) unter dem zinnengekrönten ›Flachdach‹ ergänzt sind. Im Erdgeschoss liegen die Privat- und Schlafgemächer des Bauherrn und seiner Ehefrau Charlotte von Belgien und eine opulent möblierte und mit botanischer und archäologischer Fachliteratur bestückte Bibliothek.

Beletage

Durchaus eine sportliche Angelegenheit, solch ein Schlossbesuch, wenn man sich die Gangfluchten so ansieht. Einen Außeneindruck vom Castello di Miramare bekommen Sie übrigens auf den Seiten 14/15.

Im Stockwerk darüber glänzen die mit künstlerisch hochkarätigen Gemälden dekorierten Repräsentationssäle. Diese Juwelen des Hauses, ganz besonders prächtig die **Sala del Trono,** bekamen erst nach Maximilians Tod den letzten Schliff. Das Schloss schmückt sich außen mit einem entzückenden kleinen Hafen und grandiosen Grünanlagen, in denen sowohl Wald- und Wiesenflächen als auch akkurat bepflanzte Blumenbeete grünen und blühen. In seinem **Gartenschlösschen** 2 (Castelletto), jahrelang Sitz der **Riserva Naturale di Miramare** 3 (www.riservamarinamiramare.it), zieht demnächst eine Ausstellung zur Meeresfauna der Adria ein. Die Meeresschützer residieren jetzt in den **Stallungen** 4 (Scuderie) und laden u. a. zu geführten Tauchgängen im seit 1986 naturgeschützten Meer vor den Toren des Schlosses ein.

Schlossgeschichte(n)

Maximilian, der zwischenzeitlich als Gouverneur von Lombardisch-Venetien in Mailand gewohnt hatte, bezog Weihnachten 1860 sein Traumhaus am Meer, genoss den gehobenen Wohnkomfort freilich nur bis 1863, als ihn Napoleon III. zum Kaiser von Mexiko ernannte. Charlotte begleitete ihn, kehrte aber schon 1865 – inzwischen psychisch erkrankt – nach Miramare und 1866 in ihre belgische Heimat zurück. Nachdem ihr Gatte 1867 in Mexiko von Revolutionären hingerichtet worden war, diente das Schloss als Sommerfrische seiner habsburgischen Verwandtschaft, darunter auch der schönen Sisi. Es gelangte nach dem Ersten Weltkrieg in den Besitz des Staates, war zeitweise Museum und von 1931 bis 1937 das neue Zuhause von Fliegergeneral und Kriegsheld Herzog Amedeo von Savoyen-Aosta (1898–1942) nebst Familie, die Mobiliar und Haustechnik auf den allerneuesten Stand brachten. 1943 besetzten hochrangige Nazis Miramare und bildeten hier ihren Nachwuchs aus, bis bei Kriegsende alliierte Truppen in dem prachtvollen Gemäuer Quartier bezogen. Schloss und Park gehören seit 1955 wieder Italien, sind ein bevorzugtes Ziel für den Sonntagsausflug der Triestiner und Ziel von Touristen aus aller Welt.

▶ **INFOS & LESESTOFF**

Ein rauschendes Fest wurde in Miramare noch am 20. April 1945 anlässlich des Geburtstags von Adolf Hitler gefeiert. In Claudio Magris' Roman **Verfahren eingestellt** (Hanser Verlag) kann man sich davon ein lebendiges literarisches Bild machen.

INFOS/ÖFFNUNGSZEITEN

Castello di Miramare `1`: Viale Miramare, Grignano, Buslinien 6, 36, www.castello-miramare.it, tgl. 9–19 Uhr, 10 €

FRISCHER FISCH UND VEGANES

Tavernetta al Molo `1`: Riva Massimiliano e Carlotta 11, mittags u. abends, Menü um 50 €. Fangfrischer Fisch am kleinen Hafen von Grignano.
Le Terrazze `2`: Strada Costiera 22, T 040 224 703 33, www.terrazze.eu, mittags u. abends, Menü um 60 €. Hausrestaurant des Hotels Riviera & Maximilian's (www.rivieramax.eu, DZ ab 120 €). Tolle Aussicht auf Schloss und Meer; Fisch, Fleisch und Veganes auf der Karte.

Faltplan: J 3

… und Weinseligkeit

Die Menschen auf dem **Karst** betreiben Landwirtschaft, Viehzucht und Weinbau, züchten und verwursten glückliche Schweine und verwandeln Kuh-, Schafs- und Ziegenmilch in die Käsesorten Tabor, Mlet und Jamar. Auf dem kalksteinigen, eisenhaltigen, gebietsweise roterdigen und im Winter windgeschüttelten (Bora!) Karstboden gedeihen die Reben für die Weißweine Malvasia und Vitovska sowie den rubinroten Terrano. Die meisten Weinbauern laden mehrmals im Jahr für einige Tage in ihre Häuser und Gärten ein und nennen ihre ursprünglich nur für acht Tage aufgesperrten saisonalen Weinschenken nach dem slowenischen Wort für acht *(osmica)* **Osmize**. Sie servieren als Unterlage Schinken, Wurst und Käse, signalisieren ihre Öffnungszeiten analog durch einen Zweig an der Tür und digital auf der Website.

www.osmize.com, Busse 42, 43, 44 und E 51

Sommerfrische von Dichtern und Denkern

Das kompakte **Castello di Duino** (📖 J 3) thront hoch über der Adria auf dem nördlichsten Felssporn des Triestiner Karsts. Es ersetzte im 14. Jh. ein auf dem Nachbarfelsen als Ruine erhalten gebliebenes Schloss und wurde im 16. Jh. um einen Turm ergänzt. Den Schlossherren von Duino und Walsee folgten im 17. Jh. die Grafen Torre-Hofer Valsassina, deren Tochter Marie (1855–1934) in die bayerische Postgründerdynastie Thurn und Taxis einheiratete. Maries Sohn Alexander (1881–1937) übernahm die italienische Staatsbürgerschaft, nannte sich fortan Della Torre e Tasso und bekam von König Vittorio Emanuele III. den Fürstentitel (Duca) verliehen. Auf Einladung der Damen des Hauses fanden sich regelmäßig Vertreter des europäischen Hochadels, namhafte Wissenschaftler, Musiker und Literaten zur schöngeistigen Konversation in den Salons von Duino ein, bis das Schloss von 1943 bis 1945 von Deutschen besetzt und 1947 bis 1954 von Triests internationaler Schutzmacht beansprucht wurde. Seither pfleg(t)en

Raimondo della Torre e Tasso (1907–1985) und der aktuelle Schlossherr Carlo Alessandro (geb. 1952) die kulturell ambitionierte und kosmopolitische Familientradition. Letzterer lädt seit gut 15 Jahren zur Besichtigung von Schloss und Parkanlagen ein.

Drinnen beeindrucken 18 mit hochkarätigen Gemälden und Skulpuren dekorierte Salons und Schlafgemächer, in denen Briefe, Fotos und andere Erinnerungsstücke, darunter ein Piano von Franz Liszt, das Leben der historischen Hausherren und ihrer illustren Gäste Revue passieren lassen. Draußen entzückt so manches romantische Terrassenplätzchen mit faszinierendem Blick aufs Meer. Zwischen wild wuchernder mediterraner Vegetation und gepflegten Blumenbeeten überraschen Brunnen, Statuen und Skulpturen. Weniger ergötzlich ist der Blick in den **Bunker,** der 1943 im Auftrag der nazifaschistischen Organisation TODT von Zwangsarbeitern in die Felsen unter dem Schloss getrieben wurde, als Stützpunkt der deutschen ›Kleinkampfmittelflotte 411‹ und später als Treibstofflager der englischen Armee diente.

www.castellodiduino.it, April–Sept. Mi–Mo 9.30–17.30, Okt.–März Sa, So 9.30–16 Uhr, 8 €

Monfalcone 📖 H/J 2

Monfalcone zählt knapp 30 000 Einwohner und ist als ›Stadt der Werften und Kreuzfahrtschiffe‹ international bekannt.

Große Pötte

Das **Museo della Canteriestica di Monfalcone (MuCa)** lässt die Erfolgsstory des lokalen Schiffsbaugewerbes Revue passieren und inszeniert auf mitreißende multimediale Weise den Arbeitsalltag einer Werft, sodass man als Besucher quasi mittenmang ist und z. B. den Steuerknüppel eines großes Krans bedienen kann. En passant erzählt es die Geschichte der Stadt, die 1908 mit dem Bau der großen Pötte begonnen hat. In jenem Jahr begründete eine gewisse Familie Cosulich Monfalcones bis heute verteidigten Ruf als Stadt der Kreuzfahrtschiffe, die hier unterdessen unter dem Label Fincantieri vom Stapel laufen. Das in Italien einzigartige Museum belegt das ehemalige **Albergo Operai** (Arbeiterhotel), in dem seit den 1920er-Jahren 700 auswärtige Werftarbeiter Kost und Logis bekamen, und hat obendrein mehrere Industriewanderwege auf dem Werftgelände abgesteckt.

Via del Mercato 3, www.musamonfalcone.it, Juni–Sept. Di, Fr, Sa 9–13, 16–19, Sa 16–19 Uhr, Okt.–Mai Di 10–13, Fr, Sa 10–18, So 10–13 Uhr, 7 €

Grado 🗺 H 3

Grado begeistert mit feinsandigen Stränden, spirituell berührenden Kirchen, faszinierenden Feuchtbiotopen in der gleichnamigen Lagune, tollen Fischrestaurants, einem ansehnlichen Centro storico und so mancher schönen Villa am Meer. Obwohl auf der ›Insel der Sonne‹ etliche Bausünden aus den Badeboomerjahren das Bild trüben, versprüht das ehemalige kaiserlich-königliche Seebad der Habsburger bis heute einen Hauch von Exklusivität.

Vom Fischerdorf zum Ferienparadies

Die Initialzündung für die badetouristische Entwicklung gaben freilich nicht die österreichischen Blaublüter, sondern ein Kinderarzt aus Florenz, der hier in den 1870er-Jahren das Hospiz Marino eröffnete, um kleine Patienten in der jodhaltigen Adriabrise von schweren Knochenkrankheiten zu kurieren. Den Aufschwung vom Fischerdorf zum Ferienparadies brachte allerdings tatsächlich die Wiener Hautevolee, die sich hier seit der vorletzten Jahrhundertwende eigene Sommerhäuser leistete oder in der jährlich wachsenden Zahl vornehmer Hotels und Pensionen abstieg. Schon seit Mussolinis Zeiten, als die Laguneninsel mittels Drehbrücke ans Festland angedockt wurde (1936), kommen auch Krethi und Plethi. Infolgedessen ist Grado, übrigens schon im 2. Jh. v. Chr. als Mereshafen von Aquileia gegründet, nun um neue Quartiere wie z. B. die Isola della Schiusa größer. Es ist von zwei Kanalhäfen mit bunt besegelten Fischkuttern und Ausflugsschiffen aufgelockert und hat eine architektonisch imposant bezeugte prätouristische Geschichte.

Mit dem Motorboot durch die Lagune von Grado düsen – kann man machen, muss man aber nicht. Schwimmen und Sonnenbaden ist entspannender. Für alle.

Auf poetischen Pfaden – **Rilke-Weg von Duino nach Sistiana**

Rainer Maria Rilke kamen beim Gang über Italiens höchste Steilküstenkante seine verzweifelt-fatalistischen »Duineser Elegien« in den Sinn. Dabei animiert der auf den berühmten Dichter getaufte Wanderweg von Duino in die Bucht von Sistiana weniger zum Klagen denn Frohlocken über die tolle Aussicht auf die Adria.

Rainer Maria Rilke reiste viel und weilte von Oktober 1911 bis Mai 1912 auf Schloss Duino, von wo er gern Spaziergänge in die benachbarte Bucht von Sistiana unternahm. Der 1875 im damals österreichisch-ungarischen Prag geborene und 1926 in der Schweiz gestorbene Dichter gilt als bedeutender Vertreter der literarischen Moderne, lebte u. a. in Paris, München, Wien und Berlin. Als Gast von Marie von Thurn und Taxis, die ihm 17 Jahre in reger (Brief-)Freundschaft verbunden blieb, schrieb er auf Schloss Duino zwei von insgesamt zwölf Klageliedern, die 1922 unter dem Titel »Duineser Elegien« publiziert wurden.

Schloss der Dichter und Komponisten: Neben Rilke waren im Castello di Duino u. a. auch Mark Twain, Franz Liszt und Vicor Hugo geladen.

Farbenfrohe Wanderstrecke

Der knapp 2 km lange **Sentiero di Rilke** ❶ beginnt am Parkplatz vor dem **Schloss Duino** 1 und endet vor der Tür des Touristenbüros oberhalb der Baia di Sistiana. Er führt durch einen Pinienwald an die

Küstenkante, deren weiße Klippen hier dramatische 80 m tief ins Meer stürzen. Damit krönt der Dichterpfad den höchsten Steilküstenstreifen des Belpaese, der wegen seiner bizarren Felsformationen und artenreichen mediterranen Flora und Fauna als **Riserva Naturale Regionale Falesie di Duino** deklariert ist. In dem Naturschutzgebiet gedeihen Steineichen, Oliven, Wolfsmilch und Ginster, kreuchen und fleuchen u. a. die seltene Pracht-Kieleidechse mit tiefblauer Kehle und leuchtend rotem Bauch, die leicht giftige Katzenschlange und der Schwarzspecht. Unterwegs eröffnen vier zu ›Panoramaterrassen‹ (Belvedere) befriedete ehemalige Gefechtsstellungen der deutschen Wehrmacht wunderbare Aussichten aufs Meer, das Castello di Duino und die **Baia di Sistiana** ❷, die mit Hafen, Bars und Restaurants erschlossen und von mehreren feinkieseligen Badestränden gesäumt ist.

Schöne neue Urlaubswelt

Gleich nebenan begeistert und befremdet **Portopiccolo** ❷, das als adriatisches Klein-Monaco gehypt wird. Der edeltouristische Retortenort wurde in einen ausgedienten Steinbruch direkt ans Meeresufer gesetzt und wird wegen seiner nachhaltigen Bauweise und klugen Energietechnik als ökologisch zukunftsweisendes Vorzeigeprojekt gefeiert. Portopiccolo integriert mehrere Hundert Luxuswohnungen und ein Fünf-Sterne-Hotel, lockt mit exklusiv möblierten Strandbädern, einer hoch gelobten Wellnessoase und schicken Läden und Lokalen. Kurzum: Es besticht mit stilvollem Luxus und toller Lage, wirkt aber irgendwie seelenlos und artifiziell.

N
NACKIG

Nudisten, (Alt-)Hippies und Homosexuelle treffen sich an der naturbelassenen **Costa dei Barbari** ❸ gleich neben Portopiccolo. Ihre grobsteinigen Gestade sind Kult, nur über einen steilen Pfad von der Küstenpiste SS 14 zu erreichen (km 137) und neben einem Küstenstreifen namens Liburnia (km 140) einer von zwei FKK-Stränden bei Triest.

INFOS/ANFAHRT
Infos zu Portopiccolo: www.portopic colosistiana.it
Duino: von Triest aus Buslinie 44 oder E 51

MAL TRADITIONELL, MAL GEROLLT
Auf der in griechisch blau-weiß gehaltenen Meeresterrasse des Fischrestaurants

Aquapazza ❶ in der Baia di Sistiana gibt es mittags und abends große und kleine Fischgerichte auf italienische Art. Nur einen Katzensprung davon entfernt serviert das **Toshare Social Restaurant** ❷, hipper kulinarischer Ableger des (Sommer-)Clubs Cantera Social Club, abends Sushi (Parco Caravella, T 339 405 37 33 bzw. 349 087 87 02, Mai–Sept., Menü um 30 €).

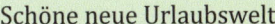

Faltplan: J 2/3

Nostalgisch wird, wer die Gradeser Idylle der Jahrhundertwende des Wiener Secessionisten Auchentaller betrachtet. Allerdings braucht sich Grado – Bausünden der 1960er- und 70er-Jahre geschenkt – auch heute nicht zu verstecken.

WAS TUN IN GRADO?

Architekturjuwelen würdigen
Von den großen Stunden der Stadtgeschichte, als Grado Asyl des Patriachen von Aquileia und Bischofssitz von Venedigs Gnaden war, künden mit anrührender asketischer Schlichtheit die **Basilica Santa Maria delle Grazie** und die **Basilica di Sant'Eufemia** am Campo Patriarca Elia. Die erste datiert aus dem 5. Jh. und wurde im 6. Jh.

ÜBRIGENS

In ihrem Buch **Nächstes Jahr im österreichischen Küstenland** (Braitan-Verlag 2014) widmet sich Christine Casapicola u. a. dem frühen Badetourismus in Grado. Sie illustriert den Text mit einer Lithografie (▶ o.) des Wiener Künstlers und Gradeser Pensionswirtes Josef Maria Auchentaller (1865–1949), die auch Grados Spiaggia Principale ziert.

nahezu vollständig neu konstruiert, wobei die verschiedenen Bauphasen an den auf zwei Ebenen verlegten Bodenmosaiken nachvollziehbar sind. Die zweite, die Basilica di Sant'Eufemia, datiert ebenfalls aus dem 6. Jh., gründet auf älteren Kirchen und imponiert mit meisterhaft gearbeiteter ›Auslegeware‹. Ihr wurde ein achteckiges Battisterio (Baptisterium) und Jahrhunderte später (1455) ein Glockenturm zur Seite gestellt. Die Reste einer dritten **frühchristlichen Kirche** wurden an der **Piazza Biagio Marin** ausgegraben, deren Namenspatron (1891–1985) nationalen Dichterruhm erlangte.

Altstadtbummel und Strandspaziergang
Das heilige Terrain leuchtet am Rande der von der langen und breiten **Piazza Duca d'Aosta** zentrierten Altstadt, die ansonsten von schmalen Gassen mit teilweise bunt kolorierten Häusern geädert ist. Die mit hübschen kleinen Läden und Lokalen aufgelockerte mediterrane Idylle ist durch eine gemauerte Uferpromenade vom Meer getrennt. Dort punktet Grado mit drei feinsandigen Hausstränden, die allesamt dem

sonnigen Süden zugewandt, seicht und kinderfreundlich sind. Während die Ufer von **Costa Azzurra** und **Pineta** frei zugänglich sind, ist ein sommerliches (Sonnen-)Bad an der stets blitzsauber gehaltenen **Spiaggia Principale** gebührenpflichtig. Der selbst von Steilküstenfans wie mir gepriesene Hauptstrand wird vom piniengrünen **Parco delle Rose** und mehreren Thermal- und Sandbädern gesäumt und ist ohne hochsaisonale Sonnenschirmkolonnen natürlich noch schöner und für meditative Spaziergänge geradezu prädestiniert.

Ab in die Lagune

Als Alternative zum Sonnenbaden, Schlemmen und Shoppen kann man von Grado aus **Boots- und Radtouren** in und an der Lagune unternehmen, in der Grado nur eine von gut 30 Inseln, darunter auch die den Gradesern heilige **Isola di Barbana** (▶ unten), belegt. Teile der Lagune sind als **Riserva Naturale Valle Cavanata** (www.vallecavanata. it) naturgeschützt. Das gilt auch für das **Mündungsdelta des Isonzo**, dessen Ufer berühmt-berüchtigte Schlachtfelder des Ersten Weltkriegs waren, und nun unter **Riserva Naturale della Foce dell'Isonzo** firmiert (www.parks.it/ riserva.foce.isonzo/). In den Feuchtbiotopen von Fluss und Lagune gedeihen dichtes Schilf und seltene Farne und viele andere Pflanzenarten, tummeln sich Fische, Muscheln und Krustentiere und gut 300 verschiedene Vogelarten. Auf den mehrheitlich unbewohnten Inseln und an den Kanalufern stehen reetgedeckte Fischerkaten *(casoni)* und hier wie dort Hochsitze fürs wettergeschützte Birdwatching bereit.

Bootsauflüge in die Lagune mit oder ohne Halt auf Fischerinseln starten im alten Hafen an der Riva San Vito, www.motorshipcristina.it, je nach Tour und Dauer 15–25 €

Absolution

Auf der **Isola di Barbana** wird seit dem 7. Jh. einem hier angespülten Marienbildnis gehuldigt. Die Madonna von Barbana hat unterdessen in einer erst 1926 geweihten Kirche Schutz gefunden und erteilt den per Boot anreisenden reuigen Sündern von Grado seit 1237 alljährlich am ersten Julisonntag die Absolution, im Lokalsprech **Il Perdòn de Barbana.**

Schiffe: April–Okt. Mo–So mehrmals täglich, Nov.–März So 10 Uhr vom Hafen am Canale della Schiusa: T 0431 801 15, www.moto scafistigradesi.it, 6 €

SCHLEMMEN, SHOPPEN, SCHLAFEN

In fremden Betten

Gastfreundlich, gut und günstig
Hotel Eliani

Schlicht, aber sauber in einer eher unattraktiven Neubausiedlung auf der Isola della Schiusa, aber in fußläufiger Nähe zu allen Attraktionen. Die herzliche junge Hoteliersfamilie macht alle Nachteile wett.

Via dell'Amicizia 5, www.hoteleliani-grado.com, DZ ab 60 €

Alles drin, dran und drumherum
Villa Marin

Frisch renovierte kleine Hotelvilla mit schlicht-gepflegtem Interieur, einladender Bar-Restaurantterrasse, Toplage an der Meeresuferpromenade, sympathischer Geschäftsführung und Altstadtnähe.

Via dei Provveditori 20, T 0431 47 62 74, www.villamarin.it, DZ 90–100 €

Nobel-nostalgischer Hotelpionier
Ville Bianchi

Vier-Sterne-Komfort in fünf zartgelben Villen der vorletzten Jahrhundertwende in einem Garten zwischen Altstadt und Hauptstrand.

Viale Dante Alighieri 50, T 0431 801 69, www. villebianchi.it, April–Okt. DZ ab 110–135 €

Satt & glücklich

Vom Netz auf den Teller
Zero Miglia

Lecker zubereitete und freundlich servierte Fischspezialitäten der Gradeser Fischerkooperative in unprätentiös

sympathischer Atmosphäre mit einer
Speiseterrasse am Hafenkanal und
Fischkuttern vor der Tür.
Riva E. Dandolo 22, T 0431 800 12,
www.zeromiglia.it, Mi–Mo mittags u.
abends, Menü um 40 €

Gute Meeresküche
Al Pescatore
Eine vom Ambiente her etwas elegan-
tere Alternative zum Zero Miglia, wie
dieses mit Kanal- und Kutterblick.
Riva E. Dandolo 10, T 334 750 54 21, Do–Di
mittags u. abends, Menü um 40 €

Das Auge isst mit
Agli Artisti
Das rustikal-elegante Altstadtrestaurant
legt nicht nur Wert aufs perfekte Braten,
Kochen und Grillen von Fisch, Muscheln,
Krustentieren und Saisongemüse, sondern bringt sie auch kreativ angerichtet
auf den Tisch.
Campiello Porta Grande 2, T 0431 830 81,
www.ristoranteagliartisti.com, Mo–Sa mittags u.
abends, So nur mittags, Menü um 50 €

 Stöbern & entdecken

Schlaraffenland
Mercato Coperto
Kleine Markthalle, in der man frische
und abgepackte kulinarische Spezialitäten, Weine und Hochprozentiges aus
dem Friaul kosten und kaufen kann. Das
macht Appetit und viel Spaß!
Piazza Duca d'Aosta 30, Mo–Sa 7–13,
16.30–20 Uhr

Gradeser Schmuckdesign
Foglianera
Moderner Schmuck in Edelstahl und
Aluminium, Gold und Silber, Kunststoff
und Plastik vom lokalen Designer
Alessandro Bean.
Piazza Duca d'Aosta 47

 Sport & Aktivitäten

Am Strand
Wellness
(Preis-)Infos und Eintrittskarten zur
Spiaggia Principale, medizinischen
Kuranwendungen, Wellness- und Beau-
tyangeboten gibt's an zentraler Adresse:
Terme di Grado, Centro Benessere GIT
Spa, Viale Dante 72, T 0431 89 91 11,
www.gradoit.it, 10–20 Uhr.

INFOS/TERMINE

Infopoint Turismo FVG: Viale Dante
72, T 0431 87 71 11, www.turismo.
fvg.it
Verkehrsanbindung: nächster Bahnhof
in Cervignano di Friuli
Il Perdòn de Barbana: ▶ S. 43,
1. So im Juli

Aquileia ▥ H 2/3

**Das kleine Aquileia war zur
römischen Kaiserzeit die größte
Stadt an der Oberen Adria. Reste
des römischen Flusshafens und
Forums und eine mit frühchristlichen Bodenmosaiken ausgelegte
romanische Basilika spiegeln die
wirtschaftliche und spirituelle
Strahlkraft der spätantiken Metropole wider, wo einst ›Ostseegold‹
anlandete und die Christianisierung dies- und jenseits der Alpen
ihren Ausgang nahm.**

Dass die 3000-Seelengemeinde, die
181 v. Chr. als römische Kolonie gegründet worden war, in der Spätantike als
das zweite Rom gepriesen wurde, ver-

dankte sie ihrer verkehrsgünstigen Lage zwischen Adria und Alpenraum. Durch Letzteren verlief der uralte Handelsweg der sog. Bernsteinstraße, die von St. Petersburg über das heutige Litauen, Russland, Polen, Tschechien, Österreich und Slowenien nach Aquileia führte. Deshalb kam dem bereits im 2. Jh. v. Chr. angelegten Flusshafen mit der Expansion des römischen Reiches in den Donauraum (Ende des 1. Jh. v. Chr.) eine enorme wirtschaftliche Bedeutung zu.

Römisches Hafenleben imaginieren

Eine schattige **Zypressenallee** (Via Sacra), an der Fragmente von römischen Sarkophagen, Inschriften und Säulen aufgereiht sind, säumt die Reste der im 1. Jh. n. Chr. großzügig ausgebauten Hafenanlagen, die heute ein trübes Bächlein flankieren. An dessen Stelle floss in antiken Tagen der breite und bequem schiffbare Natisone mit Mündung in die Adria. In Aquileias Flusshafen landete nicht nur Bernstein aus dem Ostseeraum, sondern auch wirtschaftlich Bedeutenderes wie Holz und Erz aus Österreich an. Sie wurden über das römische Straßennetz in alle Teile des Reiches transportiert, über die Adria auf den Balkan verschifft oder direkt vor Ort verarbeitet, sodass in Aquileia einst Schiffe gebaut, Eisen verhüttet und Glas geblasen wurde. In umgekehrter Richtung trafen im Hafen von Aquileia typisch mediterrane Produkte wie Marmor, Wein und Olivenöl mit Destination Südost- und Mitteleuropa ein.

Antike Megacity

Mit dem Hafen entwickelte sich die Stadt, die am Ende der römischen Kaiserzeit fast 100 000 Einwohner zählte. Davon zeugt das in seinen aktuellen Dimensionen im frühen 3. Jh. angelegte **Foro Romano** direkt an der Durchgangsstraße (Via Giulia Augusta) wohl am meisten. Es wird von den Säulen des ehemaligen **Portico Levante** überragt. Diese wurden durch Einfügen von Ziegeln restauriert und aufgerichtet und trugen einst ein kunstvoll bearbeitetes Marmorgebälk mit Statuen wichtiger zeitgenössischer Persönlichkeiten, deren Fragmente ihnen nun zu Füßen liegen. Schräg vis-à-vis sind auf der anderen Seite einer heute viel befahrenen Piste Reste der antiken Straße zu sehen, die einst in Ost-West-Richtung vom Flusshafen in die Stadt führte (**Decumano maggiore ›Aratria Galla‹**). Nachdem der Flusslauf des Natisone im Zuge kriegerischer Konflikte 361 umgeleitet und von der Adria abgeschnitten worden war, geriet die antike Megacity in eine Krise. Während ihr wirtschaftlicher Stern sank, erstrahlte ihr geistlich-religiöser, sodass Aquileia auch noch mit spektakulären sakralen Monumenten Furore macht (▶ S. 46).

DIE SCHÖNSTE ANFAHRT …

… nach Aquileia führt über die von einem Radweg flankierte SR 352, die von Grado aus auf einem schmalen Damm über die gleichnamige Lagune führt. Unterwegs erkennt man das **Santuario di Barbana** (▶ S. 43) und passiert den Abzweig zum hübschen Dörfchen **Belvedere** mit dem Kirchlein Sant'Antonio Abate aus dem 17. Jh.

Aquileias Museen

Im gerade generalüberholten **Museo Archeologico Nazionale** und dem **Museo Paleocristiano** ›lagern‹ weitere Zeugnisse aus der nicht immer ›guten alten Zeit‹. Das erste präsentiert allerlei römische Funde, darunter z. B. Geschmeide aus Bernstein. Das zweite ist eine Symbiose aus archäologischem Ausgrabungsfeld und Museum und zeigt Grundmauern sowie mehrfarbige Mosaikenreste einer Kirche aus dem 4. Jh., die später mit einem Benediktinerkloster um- und überbaut wurde.

Museo Archeologico Nazionale: Via Roma 1, www.museoarcheologicoaquileia.beniculturali.it, Di–So 8.30–19.30 Uhr, 4 €

Museo Paleocristiano: Piazza Pirano, Website ▶ Museo Archeologico Nazionale, Di–So 8.30–13.30 Uhr, Eintritt frei

Bilderbuchreif – **die Basilica Patriarcale**

Die Bodenmosaiken in der Basilica Patriarcale verkünden mit bunten Bildern die frohe Botschaft und rühren mit ihrer archaisch-naiven Schönheit selbst profane Gemüter an. Die ältesten datieren aus dem 4. Jh., als Aquileia der Legende nach schon als ein Epizentrum der Christianisierung Geschichte gemacht hatte.

Angeblich hat nämlich der Evangelist Markus höchstselbst in Aquileia gepredigt, was allerdings genauso wenig bewiesen ist wie die Existenz eines gewissen Hermagoras, den der Mitautor des Neuen Testaments als ersten Bischof von Aquileia eingesetzt haben soll. Jedenfalls war die Stadt schon im 4. Jh. Bischofssitz und avancierte im 6. Jh. zum Patriarchat. Weil sie damit in der katholischen Hierarchie gleich hinter Rom rangierte, leistete sie sich im 11. Jh. eine von außen ansehnliche und innen atemberaubend schöne Kathedrale.

Baugeschichte(t)

Die dreischiffige **Basilica Patriarcale** wurde unter der Ägide von Patriarch Poppo (1019–45) im romanisch-gotischen Stil auf den Resten einer Basilika aus der Amtszeit von Maxentius (811–833) erbaut, die ihrerseits auf einer in drei Säle gegliederten Kirche aus der Epoche von Bischof Theodor (308–319) gründete. Neben der Basilika, die der Jungfrau Maria und den wohl fiktiven Märtyrern Hermagoras und Fortunatus geweiht ist, steht ein **Campanile** `1` aus Poppos Zeiten. An sie angedockt ist ein **Baptisterium** `2`, das unter Erzbischof Chromatius (388–407) seine oktogonale Gestalt annahm und ursprünglich von zwei rechteckigen Sälen, von deren österreichischen Entdeckern im späten 19. Jh. Nord- und Südhalle genannt, flankiert war. Die Mosaiken der Südhalle sind erst seit 2011 in einem harmonisch ins historische Ensemble integrierten Museumsneubau zu sehen. Am meisten beeindruckt darin das **Mosaico del Pavone,** auf dem ein blau-türkis

Enorme Strahlkraft selbst nach Jahrhunderten – das Mosaico del Pavone

schimmernder Pfau nicht etwa Stolz und Hochmut, sondern die Unsterblickeit der christlichen Menschenseele symbolisiert.

Menschen, Tiere, Sensationen

Kunsthistorisch einzigartig ist das von Theodors Kirche erhalten gebliebene ›Puzzle‹ im **Mittelschiff der Basilika 3**. Das Mosaik im Zentrum der Kathedrale wurde erst von 1909 bis 1912 aufgedeckt und ist das älteste und größte (760 m²) frühchristliche Bodenmosaik Europas. Es ist von Menschen und Tieren bevölkert und mit floralen Ornamenten dekoriert. In lebendiger Erinnerung bleiben die Gleichnisse von Jonas und dem Wal und der Menschen fischenden Apostel, die hier auf blauem Grund und in der Kulisse von allerlei Meeresgetier inszeniert sind. In der **Cripta degli Scavi 4** dominieren Flora und Fauna in vielen Formen und Farben. Besonders entzückend ist das Bild vom Kampf zwischen Hahn und Schildkröte, das als mythologische Metapher für das Ringen zwischen Gut und Böse zu lesen ist. In der **Cripta dei Affreschi 5** ruhen die Reliquien lokaler Märtyrer und versammeln sich seit dem 12. Jh. 32 Heilige auf farbenfrohen Wandgemälden in byzantinisch-venezianischer Malmanier. Andere Fresken illustrieren die Passion Christi und die Geschichte von Markus und Hermagoras, mit denen die Missionierung Aquileias angeblich schon im 1. Jh. und mit ihr der Siegeszug des Christentums von der Adria über die Alpen begann.

INFOS/ÖFFNUNGSZEITEN
www.aquileia.net
Audioguide: ▶ S. 48
Alle Attraktionen:
April–Sept. tgl. 9–19,
März/Okt. tgl. 9–18,
Nov.–Feb. Mo–Fr 10–16,
Sa, So 10–17 Uhr
Eintritte: Basilika frei,
Glockenturm 2 €, Krypten
4 €, Baptisterium und
Südhalle 3 €; Kombiticket
7 €, inkl. Archäologisches
Museum (▶ S. 45) 10 €

SÜSSE PAUSE

Pasticceria Mosaico 1: Piazza Capitolo 17, www.pasticceriamosaico.com, Mo 9–19, Di–So 8–19, Juli/Aug. 8–23 Uhr. Die Spezialität der Traditionskonditorei unweit der Basilika ist die Torte Bavarese Mosaico.

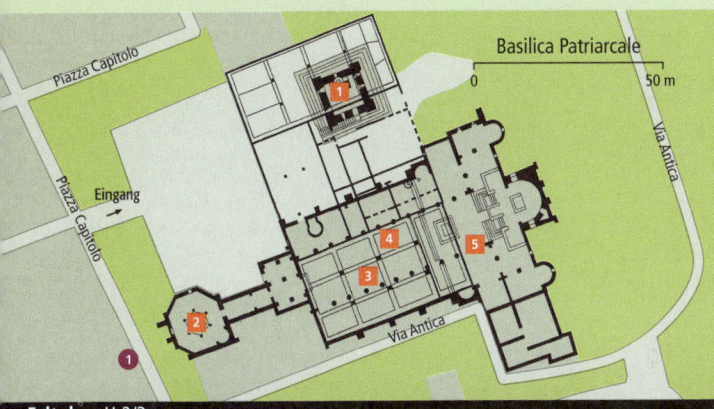

Basilica Patriarcale
Piazza Capitolo
Piazza Capitolo
Eingang
0   50 m
Via Antica
Via Antica
Faltplan: H 2/3

🏠 Kost und/oder Logis
Hotel/Ristorante Patriarchi
Wenn Sie nach der Zeitreise in die römische und frühchristliche Welt von Aquileia müde und hungrig sind, empfehle ich das Hotelrestaurant Patriarchi, das mit ordentlichen Zimmern und/oder guter Land- und Meeresküche in fußläufiger Nähe der Sightseeing-Klassiker überzeugt.
Via Giulia Augusta 12 a, T 0431 91 95 95, www.visitaquileia.com, DZ ab 80 €, März–Jan., Rest. mittags u. abends

❶ Infos
Turismo FVG: Via Giulia Augusta, www.turismo.fvg.it, Mai–Sept. tgl. 9–19, sonst 9–13, 14–18 Uhr. Infos und Tickets sowie Audioguides für die Erkundung von Aquileia für 5 bzw. 8 € (2 Pers.) mit hilfreichen Texten (auch deutsch).

Marano Lagunare

📍 G 3

In dem winzigen Städtchen an der gleichnamigen Lagune sieht, hört und schmeckt man, dass die ehemalige Festung von Aquileias Gnaden später jahrhundertelang unter den Fittichen der Serenissima war. Architektur und Dialekt sind ebenso venezianisch geprägt wie seine allseits gepriesenen Fischspezialitäten. Dem Boreto alla maranese eilt sogar ein überregional guter Ruf voraus!

Einmal durchs Städtchen flanieren
Die einst von einem rudimentär noch vorhandenen Mauerring umschlossene Gemeinde wird vom **Torre Millenaria** an der zentralen **Piazza Provveditori** überragt. Der rundherum mit den Büsten ehemaliger venezianischer Verwalter *(provveditori)* verzierte ehemalige Wachtturm reckt sich mindestens seit 1066 32 m hoch in den Himmel über der Lagune. Direkt daneben stand das nach der venezianischen Übernahme erbaute Rathaus aus istrischem Sandstein,

von dem mit der **Loggia Comunale** nur noch der untere Teil erhalten ist. Schräg vis-à-vis fällt der **Palazzo Provveditori** (16. Jh.) ins Auge. Die Piazza Provveditori mündet in die **Piazza V. Emanuele,** von der man gleich linker Hand zum Hafen mit der inzwischen kulturell genutzten **Pescaria Vecia** (alter Fischmarkt) ausscheren kann. Vom **Canale del Porto** geht es rechtsherum zum **Canale del Molino,** an dem das ansonsten beschaulich-nostalgische Städtchen mit einem ausladenden Industriebautenensemble überrascht.

Blick aufs Fischfabrikgelände
Die Fischfabrik der Firma Igino Mazzola, im Lokalsprech **La Fabrica del Ton,** stellte bis vor knapp zehn Jahren Dosenthunfisch der Marke Maruzzella her. Sie gehörte einem 1918 in Genua gegründeten Familienunternehmen, das 1938 einen in Marano bereits seit dem 19. Jh. angesiedelten Fischverarbeitungsbetrieb zur Konservierung des hier massenhaft gefangenen *pesce azzurro* (Sardinen und Sardellen) gekauft hatte. Mazzola gründete vor Ort eine firmeneigene Fischkutterflotte, die wenig später ins Eigentum der lokalen Fischer überging, erweiterte die Produktpalette um Aal, Makrele und Thunfisch und gab saisonal bis zu 500 Menschen und damit einem Großteil der heute 1827 Einwohner Arbeit und Brot. Dem Vernehmen nach sollen die Fabrikanlagen bald abgerissen und das Areal zu touristischen Zwecken neu bebaut werden.

🍴 Tolle Antipasti
Trattoria Barcaneta
Viele kehren allein wegen der Fisch-Vorspeisen in dem mittelpreisigen Lokal an der kleinen Piazza ein.
Piazza dei Marii 7, T 0431 674 10, Do–Di mittags u. abends, Menü um 40 €

🍴 Tisch und Bett
Stella d'Oro
Das Restaurant belegt einen ansehnlichen historischen Palazzo mitten in der Altstadt und wirtschaftet schon in fünfter Generation. Die recht passable

Küche folgt der Maraneser Tradition. Die Gastgeber sind sehr freundlich und die Zimmer ordentlich.

Piazza Vittorio Emanuele II 11, T 0431 670 18, www.stelladoro.info, Restaurant Mi–Mo mittags u. abends, DZ 70–85 €, Menü um 40 €

🔴 Hohes (Preis-)Niveau
Trattoria alla Laguna
Restaurant, das früher nach seiner Gründerin Vedova Raddi hieß und seit 1938 mit fangfrischen und raffiniert zubereiteten Fischen, Muscheln und Krustentieren überzeugt. Inzwischen wird es vom Enkel Decio Raddi geführt.

Piazza Garibaldi 1, T 0431 670 19, www.vedovaraddi.it, Di–So mittags u. abends, Menü um 50 €

🔵 Lagunenwelten entdecken
Vor den Toren der Stadt liegen die Naturreservate **Foci del Fiume Stella** und **Valle Canal Novo**. Sie können ganzjährig mit dem Motorschiff Nuova Saturno angesteuert werden. Die Exkursionen entführen in sumpfig-schilfige Biotope von Laguneninseln und -ufern und ins Mündungsdelta des Flusses Stella. Zu sehen und zu hören sind eine artenreiche Vogelschar und hölzerne Fischerhütten namens *casoni*.

T 0431 678 91, www.saturnodageremia.it, Mitte Juni–Mitte Sept. tgl., sonst Sa, So 10–16 Uhr, auf Anfrage auch 17–22 Uhr, ca. 18 €

Lignano 🗺 G 3

Wer gern an seichten Gestaden badet und in feinem Sand buddelt, mit (anderen) schönen Menschen in der Sonne brät, in schicken Cocktaillounges chillt oder Designerboutiquen shoppt, wird sich in Lignano Sabbiadoro wohlfühlen.

Kulturhistorisch Interessierte entdecken hier allenfalls eine lange Schwarz-Weiß-Fotostrecke, die die badetouristische Entwicklung des ansonsten geschichtslosen Seebades auf der Landzunge dokumentiert. Die Bilder zieren die zeitgemäß renovierte 8 km lange Flaniermeile und zeigen das *dolce far niente* in Vorkriegs- und Wirtschaftswunderzeit, wobei die dort abgelichteten Jugendstilvillen aus den 1920er-Jahren von der Masse moderner Hotels und Ferienwohnungen absorbiert wurden.

🔵 Spiel und Spaß
Lignano lockt mit mehreren **Freizeitparks** (April–Okt.), darunter der **Parco Zoo Punta Verde** (Via G. Scerbaneco 19, www.parcozoopuntaverde.it), Europas erstes Erlebnisbad **Aquasplash** (Viale Europa 140, www.aquasplash.it) und die Dauerkirmes **Gulliverlandia** (Via San Giuliano 25, www.gulliverlandia.it).

Wenn es in Lignano ein übergeordnetes Motto gibt, so könnte es ›Baden und Bechern‹ heißen.

Golf von Venedig

Venedig ist städtebaulich einzigartig und künstlerisch sensationell, von seinen Bewunderern bedrängt und eigentlich zu meiden, wenn es nicht sooo schön und unwiderstehlich wäre! Die kleinen Schwestern der Serenissima heißen Caorle und Chioggia, haben ebenfalls viel Patina, ihren Fischeralltagscharme bewahrt und obendrein noch tolle Strände, die auch die Vorzüge von Bibione und Jesolo sind. Im Golf von Venedig öffnen sich faszinierende Lagunenwelten und das von der ökologischen Problemzone zum Naturpark geläuterte Mündungsdelta des Po.

Caorle 🗺 F 4

Wahrzeichen von Caorle ist ein zylindrischer Glockenturm mit konischer ›Kappe‹, der die kunterbunte Altstadt überragt. Vor den Toren der kleinen Hafenstadt liegen badefreundliche Strände und eine Fluss- und Lagunenlandschaft, die schon Ernest Hemingway begeistert hat.

Altstadt- und Hafenspaziergang

Der etwas schief geratene **Campanile** byzantinischer Bauart erhebt sich neben der romanischen **Cattedrale di Santo Stefano** an der Piazza Vescovado mitten in der Altstadt, die insbesondere wegen ihrer farbenfroh gestrichenen Häuser in Erinnerung bleibt. Beide datieren aus dem 11. Jh., als das Schicksal der kleinen Stadt, die 50 v. Chr. als römischer Hafen gegründet worden war, schon auf Gedeih und Verderb mit dem der ›Serenissima‹ verknüpft war. Dass sie der Seerepublik bis zu deren Untergang treu blieb, ist an der städtebaulichen Struktur von Caorle abzulesen, das einst von Kanälen geädert war. Die sind schon lange ausgetrocknet und heute handtuchschmale Gassen, die von kleinen und großen Plätzen aufgelockert sind.

Im Kanalhafen am **Canale dell'Orologio**, ankert an der **Fondamenta Pescheria** die moderne lokale Fischfangflotte und dümpeln an der **Riva dei Bragozzi** historische Fischkutter *(bragozzi)*, über die sich ein von hübsch gemusterten Segeln bunt getupfter Takelagenwald erhebt. Eine deichartig aufgeschüttete, von ›Felsskulpturen‹ gesäumte Strandpromenade, die am pittoresken Ensemble der **Chiesetta dell'Angelo** nebst Glockenturm endet, schirmt das *centro storico* zum Meer hin ab. Das Kirchlein ersetzte im 18. Jh. ein älteres aus dem 15. Jh., das seinerseits auf den Ruinen eines im 9. Jh. dem Erzengel Michael geweihten Gotteshauses steht.

🏠 Gastfreundschaft mit Tradition
Hotel Sara

Schon seit den 1950er-Jahren im Familiengeschäft, inzwischen zeitgemäß renoviert, mit schönem Privatstrand und allseits geschätzter Hausgastronomie Da Pepi.

Piazza Veneto 6, T 0421 811 23, www.saraho tel.it, April–Okt., DZ um 100 €

Alle unterwegs: Auf dem Lungomare hat in der Abenddämmerung der Corso der Einheimischen und Touristen begonnen – und das Ziel könnte mit der kleinen Kirche und dem Campanile nebenan nicht schöner sein.

🍴 Fangfrisch und knackig
Ristorante Da Buso
Das Restaurant in Hafennähe setzt auf
die kreative Abwandlung traditioneller
Rezepte und superfrische Zutaten aus
Meer, Lagune, Feld und Garten, sodass
man sich hier unbesorgt um deren Frische an die *crudi* (Rohes aus der Adria)
wagen kann.
Via delle Orate 2, T 0421 21 07 57, www.risto
rantedabuso.it, Mi–So mittags u. abends, Menü
um 50 €

🍴 Fischerromantik
Trattoria al Mare
Das hübsch aufgemachte Lokal tischt
drinnen und bei schönem Wetter auf
einem romantischen kleinen Platz am
meerseitigen Altstadtrand Passables aus
der lokalen Fischküche auf.
Campo del Podestà 2, T 0421 812 02, Menü
um 40 €

🍴 Erlesenes aus Meer und Lagune
All'Anguilla
›Zum Aal‹ steht für (preis-)gehobene
Meeres- und Lagunenküche in Altstadt-
haus und -hof.
Calle Falconera 7, T 0421 842 22, www.risto
ranteanguillacaorle.com, Menü um 60 €

🍴 Für die (süße) Seele
Botega del Geato
Superleckeres *geato,* kein Druckfehler,
sondern lokales Dialektwort für Eis!
Piazza S. Pio X 4

🔄 Baden, Biken und Boot fahren
Rechts und links vom fotogenen sakral-
architektonischen Ensemble Caorles
säumen die feinsandigen Hausstrände
Spiaggia di Ponente und **Spiaggia
di Levante** die Küste und reihen sich
Hotels, Feriensiedlungen, Sport- und
Campingplätze auf. Gleich hinter der
Spiaggia di Levante greift die von Inseln
geprenkelte **Laguna di Caorle** ins
Land hinein. Eine Boots- oder Biketour
in die Fluss- und Lagunenlandschaft
zwischen den Mündungen von Lisone
und Tagliamento, kurz **Valli,** entführt in
schilfgrüne Morastlandschaften, die von
Vogelkolonien und reetgedeckten *casoni*

E
ENTE

In den späten 1940er-Jahren ging
Ernest Hemingway in der Lagune
von Caorle mit einem italienischen
Freund auf Entenjagd. Der stillen
Schönheit dieser Adrialandschaft hat
er in seinem Roman »Über den Fluss
und in die Wälder« literarischen
Ruhm beschert.

besiedelt sind. In Letzteren ruhten sich
die Lagunenfischer in noch nicht moto-
risierten Zeiten während der Fangsaison
von der harten Arbeit aus.
www.parcolagunare.it, Bootstouren ▶ Infos

ℹ️ Infos
IAT: Rio Terrà delle Botteghe 3, T 0421
810 85, www.caorle.eu, tgl. 9–22 Uhr;
weitere Infos unter: www.visitcaorle.com
Bahn, Bus und Boot: Der nächste
Bahnhof ist Portogruaro/Caorle und
er ist ebenso wie die Flughäfen von
Venedig und Triest per Busverkehr mit
Caorle vernetzt (www.atvo.it). Die
Bootstouren in die Lagunen und nach
Venedig starten im Kanalhafen (www.
motonavecaorle.com, www.motonave
arcobaleno.com).

IN DER UMGEBUNG

Rauchfreie Retorte
Bibione (📖 G 3) existiert erst seit 1956
und ist von Kopf bis Fuß auf Badeurlauber
und ganz besonders die Bewirtung und
Bespaßung von Familien mit Kindern
eingestellt, die sich hier über eine zerti-
fiziert gute Strand- und Wasserqualität
freuen. Der Badeort machte im Sommer
2014 mit einem Rauchverbot in der
ersten Strandreihe Furore. Ab Sommer
2018 sollen Bibiones Strände gänzlich
rauchfrei sein. Es gibt einen kleinen Hafen
mit Bootsverleih und hochsommerlichem
Ausflugsverkehr nach Venedig und in die
Lagune von Caorle.

Jesolo ⌖ E 4

Jesolo ruft bei vielen warme Kindheitserinnerungen an Familienurlaube in Bella Italia wach. Es ist für die einen das Paradies und für andere die Hölle – und tatsächlich irgendwie schön und schrecklich zugleich! Im August eher zu meiden, ist es als Basisquartier für Ausflüge ins teure Venedig oder Radtouren in die Umgebung durchaus eine Option.

Neue Stadt der Superlative

Das mit wenigen antiken Mauerresten angereicherte *centro storico* ist nur noch ein unscheinbares Anhängsel der 1922 gegründeten neuen Stadt zwischen den Flussmündungen von Piave und Sile, die mit vollem Namen Jesolo Lido heißt. Sie wirbt mit Superlativen wie dem größten Strand und der längsten Shoppingmeile Europas und wächst seit der Jahrtausendwende nach einem Masterplan des japanischen Stararchitekten Kenzo Tange (1913–2005) unter Beteiligung namhafter internationaler Baumeister spektakulär über sich hinaus. Beispiele für die meist vertikale Stadterweiterung sind die **Torri Drago** und der **Torre Aquileia,** die auch gut ins Frankfurter Bankenviertel passen würden, und der aus einem Pinienwald aufschießende Wohnturm **Casa nel Parco Merville.**

Viel Spaß!

Jesolos blitzsauberer weißer **Sandstrand** ist recht breit und 15 km lang, unmöbliert wirklich eine Augenweide und für neben-

saisonale Spaziergänge und Joggingtouren durchaus attraktiv. Parallel zu ihm verläuft auf einer Strecke von 12 km besagte Einkaufsmeile **Via Bafile** und dazwischen reiht sich Hotel an Hotel. Jesolo unterhält seine Badegäste mit mehreren Vergnügungsparks, Indoorzoos, Go-Cart-Bahn etc., veranstaltet von Mai bis September Konzerte, Misswahlen und Marathon, Feuerwerke und Flugshows und das **Festival delle Sculture di Sabbia,** bei dem die besten Sandkunstwerke auf der zentralen Piazza Brescia exponiert werden. Dass Jesolo auch in Sachen Nightlife Spitze ist und man hier in unzähligen Bars und mehreren Diskotheken die Sommernacht zum Tage machen kann, ist eh klar!

🏨 Schöne Meerblickzimmer
Columbia & Ninfea

Von einer Mehrgenerationenfamilie freundlich geführtes Hotel mit Restaurant und Bar. Es besteht aus zwei Gebäuden direkt am Strand, hat Zimmer unterschiedlicher Größe und Standards, darunter viele schon in zeitgenössischem Design renovierte und mit großem Balkon zum Meer. Via Bafile, Accesso al Mare 28 (nahe Piazza Mazzini), T 0421 97 27 59, www.columbia-ninfea.com, DZ 65–210 €

🍴 Gesunde Pizzavariationen
Pizzeria Capri

Hier gibt's leckere Pizza mit besten biologischen Zutaten, auf Wunsch auch vegan, mit Dinkelmehl oder Sauerteig. Piazza Francesco de Santis, T 0421 38 20 55, www.pizzeriacaprijesolo.co, Mo–Sa 19.30–24, So auch 11.30–15 Uhr, Pizza 7–20 €

🍴 Mit historischem Flair
Al Ponte de Fero

Das Restaurant im *centro storico* von Jesolo tischt in historischem venezianischen Haus und Garten traditionelle venezianische Saisonküche auf. Via Colombo 1, T 0421 35 07 85, www.alponte defero.it, tgl., Do mittags geschl., Menü 35 €

🛍 Shoppen, bis der Arzt kommt
Via Bafile

EIN HERZ FÜR BIKER

Viele Touren in Jesolo und Umgebung sind markiert und kartografiert (www.ambientbikejesolo.it). Die Stadt hat einen Bikesharing-Service (www.jtaca.com), bei dem man sich an 19 Stationen kostenlos 120 orangene Bikes ausleihen kann.

An der Via Bafile reihen sich auf einer Strecke von 12 km knapp 2000 Läden aneinander, die Kunsthandwerk, Kitsch und Kulinarisches, v. a. aber Modisches namhafter Designer im Repertoire haben. Wenn man und frau sich auf der Adriareise neu einkleiden wollen, keine schlechte Adresse!
www.jesolofashion.it

✿ Trinken und Tanzen
Jesolos Nachtleben pulsiert im Sommer rund um die Uhr und quasi überall, z. B. direkt im und um das **Capannina Beach** (www.capanninabeach.it), das am Strand hinter der Piazza Mazzini liegt, oder im **Vanilla Club,** wo auch an Winterwochenenden die Post abgeht
Vanilla Club: Via Buonarotti 15, Mo–Sa 23.30–5 Uhr

❶ Infos und Termine
IAT Jesolo: Piazza Brescia 13, T 0421 37 06 01, www.jesolo.it. Runduminfos über Jesolo, Cavallino und Venedig
Bus und Schiff: Halbstdl. Busse (www. atvo.it) von Jesolo über Cavallino zum Anleger Punta Sabbioni (Bus 5), wo Schiffe (www.actv.it) nach Venedig und retour (ca. 30 Min.) ab- und anlegen. Außerdem geht's von dort auf die Laguneninseln Burano, Torcello und Murano. Die Überfahrt kostet 7,50 €, günstiger sind die 24 Stunden- bis Mehrtagestickets, bei denen Vaporetti-Fahrten in Venedig inklusive sind (24 Std.: 20 €, 48 Std.: 30 € usw.). Man kann die Tickets für Bus und Boot auch bei der IAT (▶ oben) kaufen. Parkplatz am Anleger für 5 € pro Tag.
Festival delle Sculture di Sabbia: Mai/Juni–Sept.

·······································

ABSTECHER NACH
CAVALLINO TREPORTI

·······································

Piniengrün
Jesolo, die badetouristische Hochburg des Veneto, teilt sich mit der kleineren und ruhigeren Nachbargemeinde **Cavallino Treporti** (🗺 D 4) eine Landzunge zwi-

Schade, dass sie so vergänglich ist … Beim Sandfestival in Jesolo sind nämlich echte Künstler am Werk.

schen der Lagune von Venedig und der Adria. Die ist mit dichten (Pinien-)Wäldern begrünt, Gemüsefeldern bewirtschaftet und gut 30 Campingplätzen besiedelt. Sie endet an der Punta Sabbioni, wo regelmäßig Schiffe nach Venedig und zu den Laguneninseln Burano, Torcello und Murano ›in See stechen‹ (▶ oben).

⌂ Nettes Familienhotel
Hotel Righetto
Gepflegtes Drei-Sterne-Haus in Cavallino-Treporti, dessen Gäste von der (deutschsprachigen) Familie Donadon freundlich umsorgt und hervorragend bekocht werden.
Corso Italia 16, T 041 96 80 83, www.hotel righetto.com, DZ ab 75 €

Venedig 🗺 D 4/5

Venedig rühmt sich einer politisch und künstlerisch glanzvollen Geschichte, die sich auf dem Markusplatz und Canal Grande besonders prachtvoll offenbart. Die Serenissima inspiriert von jeher Maler und Musiker, Dichter und Denker und brilliert als Metropole zeitgenössischer (Kino-)Kunst. Sie hat heutzutage allerdings allzu viele Verehrer, sodass das ökologische und soziale Gleichgewicht der vielleicht schönsten Stadt der Welt empfindlich gestört ist.

#7

Seit Jahrhunderten weltbewegend – **der Markusplatz**

Im Dogenpalast plante die Seerepublik Venedig die Eroberung des Mittelmeers, wofür sie sich in der Markuskirche gleich nebenan den Segen abholte. Weil ihr Ruhm hier wie dort von namhaften Malern und Bildhauern mit Pinsel und Meißel gepriesen wurde, ist der Markusplatz nicht erst seit der Erfindung von Eisenbahn, Automobil und Flugzeug ein weltweit anziehender Touristenmagnet.

Bitte nicht aufregen! Wer ins Caffè Florian einkehrt, hat hoffentlich was auf die hohe Kante gelegt, denn die Preise sind gesalzen. Belohnt wird man mit dem schönen Interieur und dem Legendenstatus.

Der »Salon Europas« (Alfred de Musset), der schon im 18. Jh. 30 000 Touristen im Jahr faszinierte, belegt eigentlich zwei (städtische) Räume, von denen der größere **Piazza** und der kleinere, zum Wasser offene **Piazzetta San Marco** heißt. Neben der **Basilica di San Marco** **1** steht der **Torre dell'Orologio** **2**, hinter dessen Torbogen mit der **Merceria dell'Orologio** Venedigs teuer-elegante Shoppingmeilen (Mercerie) beginnen. Vis-à-vis vom Uhrenturm umrahmen die historischen Baubehörden **Procuratie Vecchie** **3** und **Procuratie**

Nuove 4 den großen Platz. Sie beherbergen das **Museo Civico Correr** 5 mit Gemälden und Skulpturen von Bellini, Lotto oder Canova und das mit antiken ›Reisesouvenirs‹ der Seemacht bestückte **Museo Archeologico** 5 sowie die ebenso traditionsreichen wie teuren Kaffeehäuser **Florian** 1, **Lavena** 2 und **Quadri** 3. Zwischen Markusplatz und -plätzchen erhebt sich der seit dem 9. Jh. gewachsene, 1902 eingestürzte und restaurierte **Campanile** 6, zu dessen Füßen die Loggetta des Renaissancearchitekten Sansovino ›klebt‹. Die Piazzetta San Marco, auf der zwei Säulen die Schutzpatrone San Marco und San Teodoro ehren, ist vom **Palazzo Ducale** 7 und Sansovinos **Biblioteca Marciana** 8 (15. Jh.) flankiert.

Gut gebettete Gebeine

Die **Basilica di San Marco** 1 präsentiert sich als fünffach überkuppeltes Prachtwerk, das im 11. Jh. in Form eines griechischen Kreuzes im byzantinischen Stil erbaut und erst 1807 zur Kathedrale erhoben wurde. Sie gründet auf eine 976 abgebrannte Vorgängerkirche, die gut 100 Jahre zuvor errichtet worden war, um die angeblich 828 von venezianischen Kaufleuten im ägyptischen Alexandria vor muslimischem Zugriff geretteten Gebeine des Evangelisten Markus würdig aufzubewahren.

Hochkarätige Heilige

Die im Laufe der Jahrhunderte mehrfach veränderte und mit zahlreichen orientalischen Preziosen angereicherte Basilika öffnet sich mit mehreren üppig dekorierten Toren zum Platz und wird über ihrem Hauptportal von der Kopie einer Quadriga bewacht. Deren Original imponiert im Inneren der weltberühmten Kirche, wo man – auf vielfarbig gemustertem und bebildertem Boden aus dem 12. und 13. Jh. wandelnd – vom Glanz großflächig aufgebrachter goldgrundiger Mosaiken geblendet wird. Das sensationelle ›Puzzle‹ erzählt auf mehreren Tausend Quadratmetern biblische Geschichten und eröffnet strahlende Einblicke ins Leben und Leiden von San Marco und anderer Heiliger. Unter dem Hauptaltar ruhen die Gebeine des Evangelisten und dahinter blinkt und blitzt die **Pala d'Oro,** die auf Wunsch des Dogen Ordelaffo Falier zu Beginn

F
FINTE

Der Legende nach sollen die wertvollen Knochen des **Evangelisten Markus** unter Schweinefleisch verborgen von Ägypten nach Venedig geschmuggelt worden sein, damit die muslimischen Zöllner, vom Fleisch angewidert, auf die Kontrolle der Fracht verzichteten. Die Gebeine waren nach dem Brand der alten Kirche verschwunden und tauchten erst beim Bau der neuen auf wundersame Weise wieder auf.

Gute Wahl fürs Hochzeitsfoto? – Die Seufzerbrücke im Hintergrund bekam ihren Namen angeblich von den Verurteilten, die über sie in den Kerker wanderten und in Freiheit ein letztes Mal seufzten …

des 12. Jh. in Konstantinopel angefertigt wurde. Das Tafelbild aus Gold und Silber ist mit Edelsteinen besetzt, wurde bis zum 15. Jh. um weitere hochkarätige Details ergänzt und porträtiert bekannte biblische Figuren, San Marco und besagten Dogen. Es gehört zum **Tesoro di San Marco** (Schatz), der ansonsten v. a. mit orientalischer ›Beutekunst‹ bestückt ist. Das gilt auch für das **Museo di San Marco,** wo das Original der **Quadriga,** bei der Eroberung Konstantinopels ›eingesackt‹, gehütet wird.

Wo weltliche Macht waltet

Die weltliche Machtzentrale, der **Palazzo Ducale** 7, wuchs zwischen 1309 und 1442, gibt sich im Großen und Ganzen gotisch, bekam infolge späterer Renovierungen aber so manches im Stil von Renaissance und Manierismus gehaltene Detail und ist über den **Ponte dei Sospiri** 9 (Seufzerbrücke) mit den **Prigioni** verbunden. Der Kerker erweiterte seit dem 16. Jh. die Kapazitäten der feuchten Kellerzellen und berüchtigten **Pozzi e Piombi** (Bleikammern) unter dem Dach des Palazzos selbst, in denen auch Casanova später einsaß. Durch die **Porta del Frumento** am Kanalufer ins Zentrum der Macht vorgedrungen, steht man in einem rundum arkadengesäumten Cortile, in dem die von Mars und Neptun bewachte **Scala dei Giganti** ins Auge fällt, auf der einst die Dogen inthronisiert wurden, Über die **Scala dei Censori** gelangt man dann auf verschlungenen Wegen zu den von Veronese, Tintoretto und Tizian ausgemalten Dogengemächern und Repräsentationssälen, unter denen die **Sala del Maggior Consiglio** der größte und meist bewunderte ist.

Paradies auf Erden

Der Saal des großen Rates, in dem sich die venezianischen Patrizier unter Vorsitz des Dogen zur politischen Entscheidungsfindung versammelten, misst gut 1300 m², ist 15 m hoch und erhielt nach einem Brand im Jahre 1577 sein goldglänzendes und künstlerisch hochkarätiges Dekor. Für die Renovierung engagierte man u. a. Paolo Veronese, Jacopo und Domenico Tintoretto sowie Palma il Giovane. Die heute weltweit verehrten Künstler bemalten Wände und Decken mit Szenen aus der ruhmreichen venezianischen Geschichte und den Porträts historischer Dogen. Jacopo Tintoretto und seine Malerwerkstatt schufen hier zwischen 1588 und 1592 das wahrscheinlich größte Gemälde der Welt. Das monumentale Meisterwerk heißt »Il Paradiso« und hatte aus Sicht seiner Auftraggeber sowohl ein religiöses als auch ein politisches Motiv, weil das Paradies in ihrer Meinung nach gottbefohlenen Venedig schon auf Erden verwirklicht war.

U UNTERGANG

Weil die Touristenzahlen und die Pegel der Adria jährlich steigen, verlassen die Venezianer die (ab-)sinkende und allwinterlich überflutete Altstadt. Nur noch gut 54 000 Menschen wohnen im *centro storico*, das seit 1987 den Titel Weltkulturerbe trägt. Den drohte ihm die UNESCO 2016 zu entziehen, falls dem zerstörerischen Treiben nicht bald Einhalt geboten würde. Immerhin sollen größere Kreuzfahrtschiffe ab 2019 in den Hafen von Marghera verbannt werden.

INFOS/ÖFFNUNGSZEITEN

Basilica di San Marco `1`: www.basilicasanmarco.it, Mo–Sa 9–17 Uhr, So Juni–Nov. 14–17, Dez.–Mai 14–16 Uhr, Eintritt frei
Pala d'Oro, Tesoro, Museo di San Marco: 9.45–16.45 Uhr, 2, 3, 5 €
Palazzo Ducale `7`: www.palazzoducale.visitmuve.it, April–Okt. 8.30–19, Nov.–März 8.30–17.30 Uhr, 20 € (inkl. **Museo Correr/Museo Archeologico** `5` u. **Biblioteca Marciana** `8`)
Museen und Bibliothek: www.correr.visitmuve.it, www.marciana.venezia.sbn.it, April–Okt. 10–19, Nov.–März 10–17 Uhr

KAFFEEPAUSE

Das **Caffè Florian** `1` wurde 1720 eröffnet, ist weltberühmt, vornehm und teuer! Fürs Hausorchester wird ein Aufschlag von 6,50 € pro Ohrenpaar berechnet. Das macht z. B. zusammen mit einem Aperol Spritz satte 19 € (Piazza San Marco 56, www.caffeflorian.com, Mo–Do 9–21, Fr, Sa bis 23 Uhr). Kaum jünger (1750 bzw. 1775) und preisgünstiger sind das **Caffè Lavena** `2` (Piazza San Marco 133, www.lavena.it, tgl. 9.30–24 Uhr), einst Stammlokal von Richard Wagner, und das **Grancaffè Quadri** `3` vis-à-vis (Piazza San Marco 120, www.alajmo.it, tgl. 9–24 Uhr).

Cityplan: S. 61

Sehenswert

1. Basilica di San Marco
2. Torre dell'Orologio
3. Procuratie Vecchie
4. Procuratie Nuove
5. Museo Civico Correr/ Museo Archeologico
6. Campanile
7. Palazzo Ducale
8. Biblioteca Marciana
9. Ponte dei Sospiri
10. Lo Squero di San Trovaso
11. Santissimo Redentore
12. San Giorgio Maggiore
13. Museo Ebraico di Venezia
14. Arsenale
15. Museo Storico Navale
16. Giardini Pubblici
17. Questura
18. Palazzo Contarini-Fasan
19. Punta della Dogana
20. Basilica Santa Maria della Salute

VENEDIG

32 Ca' d'Oro
33 Ca' Pesaro Galleria Internazionale d'Arte Moderna
34 Palazzo Loredan-Vendramin Calergi
35 Ponte degli Scalzi
36 Ponte della Costituzione

In fremden Betten
1 Ateneo
2 Hotel alla Salute
3 Bucintoro
4 Ai Mori d'Oriente
5 Molino Stucky
6 Cipriani

Satt & glücklich
1 Caffè Florian
2 Caffè Lavena
3 Grancaffè Quadri
4 Osteria Lo Squero
5 Cantina do Mori
6 All'Arco
7 Bacareto da Lele
8 Ostaria da Rioba
9 Osteria ai 4 Feri
10 Osteria Ca' d'Oro Alla Vedova
11 Giorgione

Stöbern & entdecken
1 T Fondaco dei Tedeschi
2 Mercato di Rialto
3 Libreria Acqua Alta
4 Ca' Macana Atelier
5 Fiorella Gallery

Wenn die Nacht beginnt
1 Harry's Bar
2 Teatro La Fenice
3 Il Paradiso Perduto
4 Skyline Rooftop Bar

*Selbst hinter Gittern fotogen:
Santissimo Redentore*

Nachdem die Stadt im 12. Jh. zum Staat
avanciert war, der Doge (Führer) fortan
nicht mehr qua Herkunft bestimmt,
sondern gewählt wurde, eroberte die
Serenissima Repubblica di San Marco
(Durchlauchtigste Republik) die Welt.
Sie zog in mehrere Kreuzzüge, bezwang
Konstantinopel (1204) und besetzte das
norditalienische Festland, dehnte ihre
See- und Handelswege bis nach Syrien,
Palästina und in den Libanon aus. Die
Stadtrepublik erlebte einen beispiel-
losen wirtschaftlichen und kulturellen
Aufschwung, worauf ihre Werften und
Waffenschmieden, Textil- und Glas-
manufakturen boomten und namhafte
Architekten und Künstler für die Gestal-
tung öffentlicher Bauten, Privathäuser
und Kirchen engagiert wurden. Mit
Entdeckung der transatlantischen See-
und Handelswege und Erstarken der
europäischen Kolonialkonkurrenz sank
Venedigs Stern, sodass die Serenissima,
nachdem sie sich im 17. Jh. noch einmal
zu spätkultureller Blüte entfaltet hatte,
1797 von der welthistorischen Bühne
abtrat. Danach unter den Fittichen von
Napoleon, Österreich und seit 1866
Italien ist Venedig heute Regional-
metropole des Veneto und Kulturreise-
ziel mit 30 Mio. Touristen pro Jahr.

WAS TUN IN VENEDIG?

Erst einmal orientieren

Venedig steht auf Pfählen, die in den
morastigen Untergrund von über 100 Laguneninseln gerammt wurden. Es ist von
gut 170 Kanälen, die mehrheitlich *rio*
oder *canal(e)* heißen, geädert. Die Stadt
gliedert sich in die *sestieri* San Marco,
Castello, Canareggio, Santa Croce, San
Polo und Dorsoduro, dem auch die Inseln
Giudecca und Isola di San Giorgio Maggiore zugeordnet sind. Ein jedes Sechstel
– das heißt *sestiero* übersetzt – entzückt
mit fotogenen Gassen *(calle)*, Uferstraßen
(fondamenta) und Plätzen *(campo)*. Die
Häuser sind einfach durchnummeriert, sodass z. B. das berühmte Theater La Fenice
die Adresse ›San Marco 1965‹ hat.

Vom Touristenstrom treiben lassen

Markusplatz (▶ S. 56) und **Rialtobrücke** sind rund ums Jahr schwarz vor
Menschen und die Straßen dazwischen
von Touristenkarawanen verstopft, was
die Besichtigungsfreude an den grandiosen Bau- und Kunstwerken mitunter
erheblich trübt. Ebenfalls kein Geheim-
tipp, aber unbedingt empfohlen ist eine
Vaporetto-Tour über den **Canal Grande**
(▶ S. 65), zumal sich dort die wichtigsten Kunstmuseen aneinanderreihen.
Wenn man sich nur wenige Gassen von
den Hotspots entfernt, taucht man selbst
im touristischen Epizentrum San Marco
in melancholische Stille ein. Schon allein,
weil sich ihre Lokale und Läden nicht
ausschließlich auf die Abfütterung/Abzo-
cke von Touristen kaprizieren, sind mir die
übrigen *sestieri* dennoch sympathischer.

Durch Santa Croce und Dorsoduro bummeln

Das ›Bahnhofsviertel‹ Santa Croce zeigt
sich rund um den **Campo dei Tolentini,**
wo im reizenden **Bacareto da Lele** ❼
preisgünstige Häppchen und Weinchen
über die winzige Theke gehen, von seiner
Schokoladenseite. Dorsoduro rühmt
sich spektakulärer **Museen** (▶ S. 65)
und pulsiert vor jungem studentischen
Leben, das sich spätestens ab der

blauen Aperitifstunde über den **Campo Santa Margharita** und den **Campo San Barnabà** ergießt. In den Gassen rundherum locken interessante Galerien und stilvolle Läden mit allem, was den Alltag schöner macht, atmosphärisch wie kulinarisch attraktive *ristoranti* und *bacari*. Über die **Fondamenta Zattere**, Dorsoduros Uferpromenade am Canale della Giudecca, vibriert ebenfalls die sommerabendliche Movida. Tagsüber werden an einem ihrer Seitenkanäle in der Gondelwerft **Lo Squero di San Trovaso** 🔟 (Dorsoduro 1097, www.squerosantrovaso.com) die legendären venezianischen Verkehrsmittel produziert und repariert, was man von der netten **Osteria Lo Squero** ❹ direkt vis-à-vis bei *cichetti* und *ombra* beobachten kann.

Inselhopping: Giudecca und San Giorgio Maggiore

Der **Canale della Giudecca** trennt den Rest von Venedig von der gleichnamigen Insel, die architektonisch mit der Palladio-Kirche **Santissimo Redentore** 🔟 (Campo del SS Redentore, Mo–Sa 10.30–16 Uhr, 3 €) und einer neugotischer Industriekathedrale aus dem 19. Jh. ins Auge sticht. Bei Letzterer handelt es sich um die Getreidemühle **Molino Stucky** 🔟, die in ein schickes Hotel inklusive **Skyline Rooftop Bar** ✳ mit tollem Blick aufs nächtliche Venedig verwandelt wurde. Einen solchen genießen auch die erlauchten Gäste der Nobelherberge **Cipriani** 🔟 an der anderen Inselflanke. Abgesehen von diesen Edelabsteigen gibt sich die proletarisch geprägte Insel eher schlicht und unprätentiös sympathisch, wobei auch sie in Gentrifizierung begriffen und so manches Haus an gut situierte Ausländer verkauft ist. Die Nachbarinsel heißt nach der Kirche vom Zeichentisch Andrea Palladios **Isola di San Giorgio Maggiore** 🔟. Der imposante Sakralbau aus dem 16. Jh. hat einen erst gut 200 Jahre später addierten **Campanile** mit sensationeller Aussicht auf die Piazza San Marco gleich vis-à-vis (Campo San Giorgio, April–Okt. 9–19, Nov.–März 8.30–18 Uhr, Campanile 6 €, Kirche Eintritt frei).

Spurensuche in Canareggio

In Canareggio wurde 1516 das welterste jüdischen Ghetto abgesteckt und das heute international gebräuchliche Wort mit der traurigen Konnotation geprägt. Die Juden wurden in jenem Jahr im damaligen Eisengießerquartier, ital. *getto*, rund um den heute beschaulichen **Campo di Ghetto Nuovo** isoliert. Auch wenn hier derzeit nur noch um die 100 von insgesamt 500 venezianischen Juden wohnen, ist die jüdische Kultur gegenwärtig, gibt es auf und rund um den Platz koschere Restaurants, jüdische Geschäfte und Galerien. Der Geschichte von Venedigs jüdischer Community gedenkt man im **Museo Ebraico di Venezia** 🔟 und den von ihm verwalteten fünf italienischen, sephardischen und aschkenasischen Synagogen, die im 15. und 16. Jh. von Juden unterschiedlicher ethnischer Herkünfte erbaut wurden. Ein Relief des Bildhauers Arbit Blatas (1908–1999) auf dem Campo di Ghetto Nuovo erinnert daran, dass die Ankunft der Deutschen anno 1943 auch für 244 venezianische Juden in die Deportation ins KZ und den Tod mündete.

Museum u. Synagogen: Campo di Ghetto Nuovo, Canareggio 2902, T 041 71 53 59, www.museoebraico.it, Juni–Sept. So–Fr 10–19, sonst bis 17.30 Uhr, 8 €, mit Synagogenführung Juni–Sept. 10.30–17.30 stdl., sonst bis 16.30 Uhr, 12 €

Dolce vita in Canareggio

Die Schwermut verfliegt, wenn man den Rio di San Girolamo überquert und Kurs auf die **Fondamenta degli Ormesini** hält. Die Uferpromenade ist gesäumt von originellen Läden und Lokalen, die ihre Tische bei Sonnenschein natürlich draußen decken. Sie geht nahtlos über in die **Fondamenta della Misericordia**, wo noch mehr *ristoranti* und *bacari* für gute Laune sorgen. Weil man auch in dieser Gegend auf Schritt und Tritt über ein entzückendes städtebauliches Detail frohlockt, ist sie genau die richtige Adresse fürs *dolce far niente*. Auf Canareggios Shoppingmeile **Strada Nova** hat einen der Massentourismus wieder, weil die Straße Teil der schnellsten fußläufigen Strecke zwischen Bahnhof und Rialtobrücke ist.

(Alltags-)Luft schnappen in Castello

Während das *sestiere* Castello nahe seiner Stadtteilgrenze zu San Marco noch recht touristisch ist, wird es weiter gen Osten allenfalls während der Biennale von größeren Besucherströmen gestreift. Nahe San Marco lohnt sich ein *caffè* auf dem lebhaften **Campo S. Maria Formosa,** der auf die gleichnamige Kirche getauft und nicht weit von Commissario Brunettis Arbeitsplatz entfernt ist. Am Ufer des Canale di San Marco geht es immer am Wasser entlang gen **Arsenale** , das schon 1104 in Bau ging und mit der Macht der Seerepublik zum größten vorindustriellen Produktionsbetrieb für Schiffe und Schiffsbedarf, Waffen und Munition heranwuchs. Das **Museo Storico Navale** vor seinen Toren erzählt die Geschichte der venezianischen Seefahrt und lässt die Betriebsamkeit früherer Jahrhunderte erahnen, als im Arsenale bis zu 30 000 Menschen in Lohn und Brot standen (Riva S. Biasio, Castello 2148, www.visitmuve.it). Es ist derzeit wg. Restaurierung geschlossen und hat ein paar historische Schiffe an der Riva della Tana Castello 2162 ausgestellt (tgl. 10–17 Uhr, 5 €). Das Arsenal ist von der italienischen Marine okkupiert und öffnet sich nur alle zwei Jahre für die Installationen der **Biennale,** deren Hauptquartier und Ausstellungspavillons sich einige Hundert Meter weiter in den Parkanlagen der **Giardini Pubblici** verteilen. Zwischen Arsenale und Giardini Pubblici trifft man noch die meisten alteingesessenen Venezianer. Wenn man am Abend zwischen *aperitivo* und *cena* mit ihnen über ihre Shopping- und Ausgehmeile **Via Garibaldi** flaniert, fühlt man sich, um es mit Cees Nootebooms treffenden Worten zu sagen, »sofort wegretuschiert« (»Venedig – Fluide Stadt«, Edition 5, 2017).

Ordentliches Hotelchen mit netter Atmosphäre und barockem Interieur in einem ruhigen Innenhof mitten in San Marco, in dem man vom Touristenauftrieb weitgehend unbehelligt bleibt. San Marco 1876, T 0415 20 07 77, www.ateneo.it, DZ ab 50 €

Generalüberholt
Hotel alla Salute
Zimmertechnisch frisch aufgepepptes Kanalhotel in historischer Gebäudehülle und venezianischer Stille mitten im gastronomisch lebendigen Dorsoduro. Dorsoduro 222, Fondamenta Ca' Balà, T 041 523 54 04, www.hotelsalutepalace.com, DZ ab 120 €

Nah am Wasser gebaut
Hotel Bucintoro
Die Zimmereinrichtung des komfortablen Hotels in Arsenalnähe ist im Holzdekor alter Segelschiffe gehalten. Man logiert im relativ touristenarmen *sestiere* Castello, aber nur einen kurzen Uferspaziergang von den Sightseeingklassikern entfernt. Castello 2135, Riva San Biagio, T 041 528 09 38, www.hotelbucintoro.com, DZ 110–400 €

SCHLEMMEN, SHOPPEN, SCHLAFEN

 In fremden Betten

Barock für Arme
Ateneo

Mit Stil und Geschichte
Ai Mori d'Oriente Hotel

Unwiderstehlich – **mit dem Vaporetto über den Canal Grande**

Fahren Sie unbedingt mit einem Vaporetto über den Canal Grande, weil die unterwegs genossenen Stadtansichten einfach unwiderstehlich sind. Venedigs knapp 4 km lange Wasserhauptstraße wird von mehreren Kirchen und gut 200 historischen Adelspalästen gesäumt, ist zugleich Kunstmuseumsmeile und von der weltberühmten Rialtobrücke überspannt.

Wenn Sie an der Haltestelle S. Zaccaria in ein Vaporetto der Linie 1 einsteigen, passieren Sie zunächst den Markusplatz und den zierlich-schmalen **Palazzo Contarini-Fasan** 18 im Stil der venezianischen Gotik zur Rechten sowie die dreieckig ins Wasser ragende **Punta della Dogana** 19 mit der **Basilica Santa Maria della Salute** 20 zur Linken. In der von Stararchitekt Tadao Ando innen postmodernisierten alten Zollstation im *sestiere* Dorsoduro imponiert nun internationale zeitgenössische Kunst und die barocke Kirche nebenan birgt mehrere Gemälde von Tizian. Schräg vis-à-vis beeindruckt ein Luxushotel im **Palazzo Pisani-Grit-**

Begeisterung für die Touristen in der Stadt sieht auch anders aus. Da hilft es auch nicht viel, dass die Venezianer seit Sommer 2016 probeweise an einigen Vaporetto-Haltestellen Vortritt vor den Touristen haben. Die Einheimischen entlastet es nicht wirklich und den Aufregungspegel einiger Touristen lässt es bedenklich steigen.

ti **21** aus dem 14. Jh., dem wiederum am Ufer von Dorsoduro der äußerlich eher unauffällige **Palazzo Venier de Leoni** (18. Jh.) mit der **Peggy Guggenheim Collection 22** gegenübersteht. Die exzentrische Amerikanerin und Wahlvenezianerin Peggy Guggenheim (1937–1979) hinterließ dort Werke von Klee, Picasso, Kandinsky, Magritte, Mirò oder Mondrian und fand im Garten ihrer Villa Seit an Seit mit ihren geliebten Hunden ihre letzte Ruhe.

Meisterliches in grandiosen Gemäuern

Auf derselben Kanalseite folgen bald die **Gallerie dell'Accademia 23,** die mit wesentlich ältereren künstlerischen Kalibern aufwarten. Hinter Klostermauern aus dem 12. Jh. hängen hier byzantische und gotische Gemälde, Meisterwerke der Früh- und Spätrenaissance von Bellini, Vivarini, Veronese, Tizian und Tintoretto, Barockes von Tiepolo und Canaletto. Dazu gesellt sich Leonardo da Vincis weltberühmte anatomische Skizze »Vitruv-Mensch« (1490), dessen ideale Körperproportionen hier freilich nur zu besonderen (Ausstellungs-)Gelegenheiten zu sehen sind. Von dem illuster bestückten Museum spannt der **Ponte dell'Accademia 24** einen stählernen Bogen zur inzwischen barockisierten Kirche **San Vidal 25** aus dem 11. Jh., in der klassische Konzerte – vorzugsweise vom Venezianer Vivaldi – intoniert werden. Gleich hinter der Brücke aus dem 19. Jh. stehen quasi Aug in Aug an den Gestaden von Dorsoduro und San Marco die **Ca' Rezzonico 26** (17. Jh.) und der **Palazzo Grassi 27** (18. Jh.). Die erste beherbergt seit 1885 das **Museo del Settecento Veneziano,** das Gemälde aus dem 18. Jh., u. a. von Longhi, Canaletto und Tiepolo, in petto hat. Im zweiten sind temporäre Ausstellungen zeitgenössischer Kunst zu sehen.

Herz und Bauch der Serenissima

Es folgen linker Hand an den Gestaden des *sestiere* Santa Croce die für universitäre Zwecke genutzte gotische **Ca' Foscari 28** (15. Jh.) und an denen von San Polo der **Palazzo Pisani-Morretta 29** und der **Barbarigo della Terrazza 30** (15. und 16. Jh.) mit filigranem weißen Fenster- und Balkonwerk. Nun nähert sich der Vaporetto dem **Ponte di Rialto 31** und damit dem historischen Herzen der Stadt, de-

G
GONDELN

Gondeln benutzen Venezianer allenfalls noch, um von den Haltestellen S. Sofia, Carbon/Rialto, S. Toma, S. Maria del Giglio – stehend und für 2 € – von einem ans andere Ufer des Canal Grande überzusetzen. Ansonsten sind die schwarzen Gondeln, die klassischerweise von einem Gondoliere mit Strohhut, schwarzer Hose und gestreiftem T-Shirt bewegt werden, mit Touristen besetzt (80 € für 30 Min. u. max. 6 Pers., 40 € für alle weiteren 20 Min.).

Nur gucken – auch ohne Kaufabsichten ist der T Fondaco dei Tedeschi unbedingt sehenswert.

ren erste Häuser einst an den Westufern des heutigen Canal Grande, damals *Rivus Altus* standen. Die 1503 gemauerte und 1591 um einen Laubengang ausgebaute Steinbogenbrücke gipfelt in einem tempelartigen Aufbau und ist heute von Souvenirläden und Touristenmassen okkupiert.

Kaum ist Venedigs Wahrzeichen unterfahren, sieht man rechter Hand den **T Fondaco dei Tedeschi** 🛈, der im 13. Jh. als Handelssitz deutscher Kaufleute erbaut und jüngst vom niederländischen Stararchitekten Rem Koolhaas mit Gespür für die Symbiose von Alt und Neu in ein Luxuskaufhaus verwandelt wurde. Gleich hinter dem zeitgeistigen Konsumtempel, der von einer Aussichtsplattform mit grandiosem Überblick über die Stadt getoppt wird, stimuliert am anderen Ufer der **Mercato di Rialto** 🔢 alle Sinne. Der seit fast 1000 Jahren abgehaltene Markt hat trotz touristischer Belagerung seinen mediterranen Alltagscharme bewahrt. Er betört mit dem Anblick und Aroma von frischem Obst, knackigem Gemüse und exotischen Gewürzen, begeistert mit fangfrischen Fischen, Muscheln und Krustentieren in den offenen Hallen der **Pescheria.** Umringt ist er von netten Läden und Lokalen für den kleinen Hunger zwischendurch.

Museen, die vorüberziehen …

Schräg vis-à-vis glänzt auf dem Boden des *sestiere* Canareggio die **Ca' d'Oro** 32 mit der **Galleria Franchetti** inklusive einer Gemälde- und Skulpturenkollektion aus der Zeit der Renaissance. Das ›goldene Haus‹ gehörte im 15. Jh. einem reichen

Kaufmann namens Contarini und wurde 1894 von dem edlen Spender der Kunstschätze, Giorgio Franchetti, gekauft. Ein paar Fahrminuten weiter beeindruckt auf der anderen Kanalseite die barocke **Ca' Pesaro Galleria Internazionale d'Arte Moderna** `33` mit berühmten modernen Meistern wie Chagall und Matisse, Klee, Klimt und Kandinsky und einer Sammlung orientalischer Kunst. Letzter Hingucker ist der **Palazzo Loredan-Vendramin Calergi** `34` (15. Jh.) am südlichen Ufer von Canareggio, der der letzte Wohnsitz von Richard Wagner war. Der Renaissancebau, in dem der Komponist im Februar 1883 einem Herzanfall erlag, fungiert heute als Spielcasino. Nachdem der Vaporetto das Casino rechts liegen gelassen hat, unterquert er den **Ponte degli Scalzi** `35` und hält Kurs auf seine Endstation Piazzale Roma, wo der Canal Grande auf seinen letzten Metern von Santiago Calatravas **Ponte della Costituzione** `36` (2008) in zeitgenössischem Brückendesign überspannt wird.

INFOS/ÖFFNUNGSZEITEN

Vaporetto Linea 1 und 2: Lido di Venezia–Piazzale Roma und retour, die Linea 2 fährt dieselbe Strecke und hinter dem Bahnhof in den Canale della Giudecca weiter.
Kombitickets Museen: ▶ S. 72
Punta della Dogana `19`: Dorsoduro 2, www.palazzograssi.it, Mi–Mo 10–19 Uhr, 18 €, inkl. Palazzo Grassi, Haltestelle: Salute
Peggy Guggenheim Collection `22`: Dorsoduro 701, www.guggenheimvenice.it, Mi–Mo 10–18 Uhr, 15 €, Haltestelle: Accademia
Gallerie dell'Accademia `23`: Dorsoduro 1050, www.gallerieaccademia.org, Mo 8.15–14, Di–So 8.15–19.15 Uhr, 12 €, Haltestelle: Accademia
Ca' Rezzonico `26`: Dorsoduro 3136, www.carezzonico.visitmuve.it, Nov.–März Mi–Mo 10–17, sonst 10–18 Uhr, 10 €, Haltestelle: Ca' Rezzonico

Palazzo Grassi `27`: San Marco 3231 (Kontakte und Preise wie Punta della Dogana), Haltestelle: S. Samuele
Ca' d'Oro `32`: Canareggio 3932, www.cadoro.org, Mo 8.15–14, Di–So 8.15–19.15 Uhr, 8,50 €, Haltestelle: Ca' d'Oro
Ca' Pesaro `33`: Santa Croce 2076, www.capesaro.visitmuve.it, Di–So 10–18, Nov.–März 10–17 Uhr, 14 €, Haltestelle: San Stae
T Fondaco dei Tedeschi 🔒: ▶ S. 70

SNACKEN IN TRADITIONSLOKALEN

Am schönsten snackt und schlürft es sich rund um den **Mercato di Rialto** `2`, z. B. *cichetti* und *ombra* in den Traditionslokalen **Cantina do Mori** `5` (Calle dei Do Mori 429, Mo–Sa 8.30–20.30 Uhr) und **All'Arco** `6` (Calle dell'Ochialer 436, Mo–Sa 8–17 Uhr, in beiden *cichetti* ab 1,50 €).

Cityplan: S. 60

Das toprenovierte Haus in stimmungsvoller Kanallage datiert aus dem 15. Jh., beherbergte einst türkische Seidenhändler und bietet heute im antiken Stil möblierte Zimmer mit allem Vier-Sterne-Komfort.

Canareggio 3319, Fondamenta della Sensa, T 041 71 42 09, www.morihotel.com, DZ 95–435 €

Alte Getreidemühle
Molino Stucky 5

Klassisch möblierte Zimmer im Industriedenkmal, von denen einige ebenso wie die angesagte Hotelbar eine tolle Aussicht auf die Stadt bieten.

Fondamenta San Biagio, Giudecca 810, www. molinostuckyhilton.it, 120–500 €

Nur für Gutsituierte
Cipriani 6

Von der gleichnamigen venezianischen Nobelgastronomen-Dynastie gegründet und preislich für die meisten überm Limit.

Giudecca 10, www.belmond.com, DZ ab 700 €

....

 Satt & glücklich

Kaffeepause
Florian 1, Lavena 2, Quadri 3
▶ S. 59

Blick auf die Gondeln
Lo Squero 4
▶ S. 63

Dorsoduro 943, Fondamenta Nani, 11–21.30 Uhr, Cichetti ab 1,50 €, Spritz 2,50 €

Traditionslokale
Cantina do Mori 5, All'Arco 6
▶ S. 68

Gute Laune auf 2 m²
Bacareto Da Lele 7

Sympathischer Inhaber, Wein und Häppchen zu günstigen Preisen, fröhliche Atmosphäre.

Santa Croce, Fondamenta di S. Lorenzo 183, T 347 846 97 28, Mo–Sa 6–20 Uhr

Feiner Fisch zum fairen Preis
Ostaria da Rioba 8

In diesem preislich fairen Lokal an der quirligen Ausgehmeile von Canareggio kehren auch die Venezianer gern zum Fischessen ein.

Canareggio 2553, Fondamenta della Misericordia, T 041 524 43 79, www.darioba.com, Di–So mittags u. abends, Vorspeisen u. Pasta 12 €, Hauptgerichte 22 €

Lecker und liebenswert
Osteria ai 4 Feri 9

Das Lokal ist klein und gemütlich, das Personal freundlich. Die Fische und Meeresfrüchte schmecken gut, die Preise sind angemessen und die wenigen Plätze begehrt, also besser reservieren!

Dorsoduro 2754, Calle lunga S. Barnaba, T 041 520 69 78, Mo–Sa mittags u. abends, Menü um 40 €

Polpettine mit Patina
Osteria Ca' d'Oro Alla Vedova 10

Die Besitzerfamilie serviert schon seit dem 19. Jh. eine große Auswahl an *cichetti,* darunter die stadtweit gepriesenen *polpettine* (Frikadellchen). Dazu gibt's süffigen Wein und drumherum authentisch-nostalgisches Flair.

Canareggio 3912, Via Ramo di Ca' D'Oro, T 041 528 53 24, mittags u. abends, Menü um 40 €

Fisch, Wein und Gesang
Giorgione 11

Leckere (Fisch-)Küche im rustikalen Lokal von Lucio Bisutto, der zu den von der Ehefrau zubereiteten und der Schwester servierten Spezialitäten, bisweilen unterstützt von seinem Schwager, italienische Schlager und venezianische Lieder intoniert.

BACARO

Die Einkehr in ein *bacaro* oder, besser noch, eine Tour durch mehrere dieser typisch venezianischen Weinstuben muss einfach sein, zumal als Unterlage für die *ombra,* wie ein kleines Gläschen Wein hier genannt wird, herzhafte Häppchen, im Lokalsprech *cichetti,* gereicht werden (ab 1 € pro Portion).

Castello, Via Garibaldi 1533, T 041 522 87 27,
www.ristorantegiorgione.it, Do–Di, mittags u.
abends, Menü um 50 €

 Stöbern & entdecken

Luxuskaufhaus mit Panorama
T Fondaco dei Tedeschi 🛍️
In dem noblen Konsumtempel impo-
nieren die teuersten Labels in Sachen
Mode, Dekor und Kulinaria. Diese
belegen mehrere Etagen in einem von
Rem Koolhaas gelungen restaurierten
historischen Palazzo. Sie können ihn aus
der Perspektive des Edelcafés **Amo** im
Erdgeschoss, übrigens von Sternekoch
Massimiliano Alajmo geführt und Topde-
signer Philippe Starck gestaltet, oder bei
einer Rolltreppenfahrt auf sich wirken
lassen. Oben angekommen, erwartet
Sie auf der von Kohlhaas hinzugefügten
Dachterrasse ein wirklich grandioses
Venedigpanorama, das sogar gratis
zu genießen ist – allerdings erst nach
mehr oder minder langer Wartezeit und
Online-Terminierung via öffentlichem
Touchscreen oder eigenem Smartphone.
Calle del Fondego dei Tedeschi, tgl. 10–18 Uhr

Traditionsmarkt
Mercato di Rialto 🛍️
In Sachen Lebensmittel ist der Mercato
di Rialto die schönste Adresse. Geschäf-
te für venezianisches Kunsthandwerk,
Antiquitäten, Designermode und reich-

GASTROLEGENDE

Harry's Bar 🍸 steht seit 1931 für
hochrangige Gäste und horrende
Preise, ist inzwischen weltberühmt
und Kult. Ihr Gründervater Giuseppe
Cipriani mixte hier 1948 erstmalig
aus weißem Pfirsichmark und Prosecco seinen Bellini, der inzwischen
ebenfalls eine venezianische Legende ist und in seiner industriellen
Version in Flaschen abgefüllt wird.
San Marco 1323, Calle Vallaresco,
10.30–23 Uhr

---

lich Touristenkitsch konzentrieren sich
zwischen Piazza San Marco und Ponte
di Rialto, wobei in allen *sestieri* einige
originelle kleine Läden für Schönes aller
Art zu entdecken sind.
Mo–Sa 8–16 Uhr

Herrlich skurril
Libreria Acqua Alta 🛍️
Antiquariat, in dem Bücher und Bilder
Gondeln und Wannen füllen und alte
Regale biegen. Dazwischen versorgen
Fressnäpfe die ›Ladenhüter‹, sprich: die
Katzen des Hauses.
Calle Longa S. Maria Formosa 5176,
tgl. 9–20 Uhr

Reanimierte Tradition
Ca' Macana Atelier 🛍️
Eine der ersten Werkstätten, die nach
der Wiederbelebung des Karnevals
anno 1979 wieder mit der manuellen
Produktion traditioneller Masken begon-
nen hat.
Canareggio 1374, Rio Terrà San Leonardo

Prominent und provokativ
Fiorella Gallery 🛍️
Die Designerin und Künstlerin Fiorella
Mancini, seit Jahrzehnten quasi eine
Institution in Sachen schrille Mode, profiliert sich mit kunterbunten Kreationen,
vorzugsweise Jacken und Mänteln, und
fasziniert und provoziert mit eigenwilli-
gen Dekorationen.
S. Marco 2806, Campo S. Stefano, www.fiorel
lagallery.com, unregelmäßige Öffnungszeiten

 Wenn die Nacht beginnt

Phönix aus der Asche
Teatro La Fenice 🎭
Das international renommierte Opernhaus La Fenice (Der Phönix), in dem
sich 1792 zum ersten Mal der Vorhang
hob, brannte 1996 zum wiederholten
Male in seiner Geschichte ab und stieg
2003 nach fachgerechter Restaurierung
abermals als prachtvoller Phönix aus
der Asche empor. Es präsentiert Opern
und Konzerte auf hohem musikalischen
Niveau.

ENGELCHEN FLIEG!

Der *carnevale di Venezia* hat mit rheinischem Frohsinn nur wenig gemein und ist eher ein heiter-melancholisches Spektakel. 1094 erstmals und seit dem späten Mittelalter immer größer und prunkvoller begangen, wurde er von Napoleon verboten und erst 1979 reanimiert. Zehn Tage lang werden kunstvoll kopierte historische Masken und Kostüme zur Schau getragen, Galadiners und Bälle veranstaltet. Zur Eröffnung schwebt beim **Volo dell'Angelo** (Engelsflug) eine junge Schöne aus dem Großraum Venedig im historischen Kostüm an einem Stahlseil über den Markusplatz (www.carnevale.venezia.it).

San Marco, Campo S. Fantin 1965, T 041 78 65 11, www.teatrolafenice.it, Besichtigung tgl. 9.30–18 Uhr (▶ auch Website unter ›Timetable‹), 10 € (inkl. Audioguide)

Szenekneipenklassiker
Il Paradiso Perduto ❸
Die Weinschenke mit studentischen Wurzeln erfreut junge und alte Alternative seit den 1980er-Jahren kulinarisch mit *cichetti* und wechselnden Menüs sowie kulturell mit Livemusik meist jazziger Art.
Canareggio 2540, Fondamenta Misericordia, T 041 72 05 81, https://ilparadisoperduto. wordpress.com, Do–Mo19–2 Uhr

Drink mit Aussicht
Skyline Rooftop Bar ❹
In der Bar auf der Dachterrasse des Hilton Hotels Molino Stucky kann man mit einem Cocktail in der Hand aufs abendliche Venedig schauen.
Dorsoduro 810, Giudecca, Campo San Biagio, https://skylinebarvenice.com, tgl. 17–1 Uhr

INFOS &TERMINE

Anreise: Stazione Santa Lucia, Piazzale Roma; Flughafen: ▶ S. 108
Touristeninfo Hellovenezia: Flughafen Marco Polo; Stazione Santa Lucia, Piazzale Roma; u. Piazza S. Marco 71/f, T 041 24 24, www.veneziaunica.it, 7.30–20 Uhr
Parken: Piazzale Roma u. Tronchetto
Vaporetto: Einzelticket mit 1 Std. Gültigkeit für 7,50 €, (Mehr-)Tagestickets für 20, 30, 40 (1–3 Tage) u. 60 € (7 Tage), inkl. Fahrten zu den Inseln und mit dem Bus, z. B. zum Flughafen. **Rolling Venice:** 28 € für 6- bis 29-Jährige, drei Tage freie Vaporetto-/Busfahrt und 6 € Ermäßigung in Museen. Über den Canal Grande und zum Lido di Venezia mit Linea 1 u. 2, zur Friedhofsinsel und nach Murano mit Linea 4.2 ab Fondamenta Nuove, von dort auch Linea 12 nach Burano, wo die Linea 9 nach Torcello ablegt. Alle Linien und

Top secret: Die Kniffe der Glasmacherei werden auf Murano von Generation zu Generation weitergegeben.

Preise unter: www.actv.avmspa.it; Tickets vor Ort und online beim Touristenservice, ▶ S. 71

Gondeln: ▶ S. 66

Kombitickets: San Marco (Dogenpalast, 4 Museen und 3 Kirchen) 27,90 €; All Venice Adult (Dogenpalast, 12 Museen, 15 Kirchen) für Menschen ab 30 für 39,90 € bzw. All Venice Junior (6–29 J.) für 29,90 €; Rolling Venice ▶ S. 71; alle erhältlich vor Ort und online beim Touristenservice, ▶ S. 71

Carnevale di Venezia: beginnt 2 Sonntage vor Aschermittwoch, ▶ S. 71

Biennale di Venezia: Juni–Nov., www.labiennale.org. Mit der seit 1895 alle zwei Jahre (zuletzt 2017) ausgerichteten Ausstellung hat sich Venedig als Weltzentrum zeitgenössischer Kunst etabliert. Alternierend findet im jeweils anderen Jahr eine Architekturbiennale statt.

Mostra internazionale cinematografica di Venezia: Internationaler Filmwettbewerb mit großem Staraufgebot und Verleihung des Goldenen Löwen, Schauplatz ist der Lido di Venezia (Ende Aug./Anfang Sept).

RAUS AUS VENEDIG

Sanfte Ruhe

Auf der 1807 angelegten Friedhofsinsel **San Michele** ruhen seit den 1830er-Jahren die Verblichenen der Serenissima, darunter auch Prominente. Einer davon ist Igor Strawinsky, dessen Leichnam nach dem letzten Willen des Komponisten 1971 von New York nach Venedig überführt wurde. Die zeitgenössischen Erweiterungsbauten stammen vom englischen Stararchitekten David Chipperfield.

Strand und Stars

Die schmale Insel **Lido di Venezia** (📖 D 5) zwischen der Lagune und der Adria gibt sich mondän. Sie ist mit gediegenen Hotels, vornehmen Jugendstilvillen und seit 1937 mit dem Palazzo del Cinema, Hauptschauplatz des internationalen Filmfestivals, bebaut (Lungomare Marconi) und lockt mit einem breiten Sandstrand an der Adria.

Feines Glas

Die Insel **Murano** (📖 D 4) ist seit Jahrhunderten für ihre Glashütten berühmt, die in Venedig selbst schon um 1000 betrieben und seit 1295 auf der Nachbarinsel konzentriert wurden. Bis heute werden hier kostbares Glas produziert und die schönsten historischen Stücke im **Museo del Vetro** exponiert.

Museo del Vetro: Fondamenta Giustinian 8, www.museovetro.visitmuve.it, April–Okt. tgl. 10–18, sonst bis 17 Uhr, 10 €

Einfach Spitze!

Das Laguneneiland **Burano** (📖 D 4) entzückt mit kunterbunten Häusern an idllyschen Kanälen und ist bekannt für die Spitzenklöppelei. Die beherrschten natürlich nur die Inselfrauen, die hier seit dem 15. Jh. filigran gearbeitete Tücher, Tisch- und Bettwäsche kreieren. Mit dem Untergang der Seerepublik geriet das kunstvolle Gewerbe in die Krise, um mit der Gründung der Scuola di Merletto anno 1872 erfolgreich reanimiert zu werden. Seit die Schule 1970 geschlossen wurde, widmen sich nur noch wenige alte Damen der Spitzenklöppelei. Das **Museo del Merletto,** in dem auch öffentlich geklöppelt wird, würdigt das einst international geschätzte lokale Kunsthandwerk und zeigt schönstes Spitzenwerk aus der guten alten Zeit.

Museo del Merletto: Piazza Galuppi 187, Di–So 10–18, Nov.–März bis 17 Uhr, 5 €

Prunk und Promis

Die Insel **Torcello** (📖 D 4) war schon in römischen Tagen besiedelt, avancierte im Mittelalter zur Stadt mit 20 000 Einwohnern, wurde seit dem 15. Jh. entvölkert und zählt inzwischen nur noch gut 20 Seelen. Sie erzählt ihre Geschichte im **Museo di Torcello** (www.museodi torcello.it, Di–So 10.30–17.30, März–Okt. 10.30–17 Uhr) und beeindruckt mit ihrer um 1000 geweihten **Cattedrale Santa Maria Assunta** mit prächtigem Mosaikendekor und aussichtsträchtigem Campanile (März–Okt. tgl. 10.30–18, sonst 10–17 Uhr, 5 €, inkl. Museo und Campanile 8 €). Seit den 1930er-Jahren, als der venezianische Promigastronom Giuseppe Cipriani hier seine **Locanda Cipriani** (Piazza Fosca 29, www.locandacipriani.com, So–Do 11.45–15, Fr, Sa auch 19–21 Uhr) eröffnete, finden sich hier berühmte Maler, Musiker und Monarchen, darunter Zucchero, Victoria Beckham, Tom Cruise, ein.

Chioggia 📖 D 6

›Klein-Venedig‹ schmückt sich auf seiner Piazzetta Vigo genau wie der berühmte Platz am anderen Ende der Lagune mit einer Säule, auf der der Markuslöwe brüllt. Vor Ort räumt man allerdings schmunzelnd ein, dass dort wohl eher eine Katze kauere, was den unprätentiösen Alltagscharme der alten Fischerstadt unterstreicht.

Das architektonische Ensemble von Chioggia steht auf Inseln. Es ähnelt aus der Vogelperspektive betrachtet dem Grätenskelett eines Fisches, denn es ist von drei Kanälen durch- und gelegentlich auch überflutet und mit einer Steinbrücke ans Festland angedockt. Die Stadt hieß in antiker Gründerzeit Clodia, wurde im Mittelalter von der Serenis-

sima und 1866 nach kurzer napoleonischer und österreichischer ›Betreuung‹ vom jungen Italien adoptiert. Sie betreibt einen der größten Fischereihäfen des Landes, kultiviert erfolgreich die ›Rose von Chioggia‹, vulgo Radicchio, und lebt in ihrem Adriaküstenquartier Sottomarina vom Tourismus.

Sehen und gesehen werden

Kommerzielle und soziale Hauptschlagader der 50 000–Seelengemeinde mit der Extraportion maritimem Flair ist der **Corso del Popolo**, eine arkadengesäumte Einkaufs- und Flaniermeile, wo die *chioggiotti* sehen und gesehen werden und Dutzende von Cafés zu *caffè*, *dolci*, *ombra* und *cichetti* einladen. Man betritt das Freiluftcafé, vom Festland kommend, durch die **Porta di Santa Maria** (1523) und passiert beim Gang von Tisch zu Tisch mehrere Kirchen sowie das 1850 nach repräsentativer Habsburgerart im neoklassizistischem Stil erbaute (neue) **Rathaus** nebst Säulenhalle **Loggia dei Bandi** (1531). Am Ende der Straße erhebt sich mit dem **Torre di San**

MARITIME MUSEEN

Natürlich gibt sich Chioggia, wo bis heute 6000 Männer zum Fischen aufs Meer und in die Lagune fahren, auch in Sachen Museen ganz maritim. Das **Museo di Zoologica Adriatica Giuseppe Olivi** zeigt eine Kollektion von allerlei konserviertem Adriagetier (Riva Canal Vena 1281, www.muse oolivi.it., Di, Mi 9–13, Sa 9–13, So 9–13 Uhr, 4 €). Im **Museo Civico della Laguna Sud** sind hinter Klostermauern aus dem 14. Jh. archäologische Preziosen und historische Fischerutensilien, darunter Schiffsmodelle und Segel, zu sehen (Campo Marconi 1, www.chioggia. org/museochioggia, Mitte Juni–Aug. Di, Mi 9–13, Do–So 9–13, 21–23 Uhr, sonst Di–Fr 9–13, Sa, So 9–13, 15–18 Uhr, 4 €).

Geschrei und Geflüster – **Fischmärkte in Chioggia**

Schon um vier Uhr früh öffnet Chioggias Fischgroßmarkt, wo Fangfrisches aus der Adria und allen Weltmeeren versteigert wird. Dabei flüstern potenzielle Käufer dem Auktionator, dem ›astatore‹, ihre Gebote ins Ohr. Wenn die Großmarktkunden ab sieben Uhr morgens selbst zu Händlern werden, geht es dagegen lautstark und fröhlich zu.

Chioggia betreibt in seinem Küstenquartier **Sottomarina** einen der bedeutendsten Fischereihäfen Italiens, sodass es nicht verwundert, dass es mit dem **Mercato Ittico all'Ingrosso** 1 einen der größten Fischgroßmärkte des Landes hat. Der Großmarkt öffnet seit 1960 zweimal am Tag seine Pforten und lohnt allemal den Abstecher auf die Isola dei Cantieri, die über den Ponte S. Giacomo mit der Altstadt verbunden ist.

Fangfrisch, fröhlich, fantastisch – auf dem Fischmarkt in Choggia

Das auch auf deutschen Bühnen gern inszenierte komödiantische Eifersuchtsdrama »Krach in Chioggia«, das Carlo Goldoni 1761 im venezianischen Dialekt verfasste, entführt in Chioggias zeitgenössisches Fischer(frauen)-milieu.

Von Giganten und kleinen Fischen

Als ich den Blick in die riesige Verkaufshalle wagte, hatte ich gleich am Eingang einen kapitalen Schwertfisch und andere noch im Tode respekteinflößende Meeresbewohner im Visier. Die Giganten stehlen Seezungen und Sardinen, Barschen und Barben, Schleien und Karpfen, Mies-, Venus- und Jakobsmuscheln, Tintenfischen, Polypen, Hummern und Krabben die Schau. Und das sind nur einige wenige der Salz- und Süßwasserfische, Schalen-, Weich- und Krustentiere, die hier auf feuchten Tischen liegen und krabbeln, an Haken hängen oder in Wasserwannen schwimmen. Die mitunter noch lebendige Ware kommt fangfrisch aus der Adria, ihren Lagunen und Zuflüssen oder gefroren, getrocknet und geräuchert aus anderen Meeren Italiens und den Ozeanen der Welt.

Je kleiner, desto doller

Lauter und bunter als der große ist der kleine Fischmarkt am malerischen Canal Vena, der von den

Profis **Mercato Ittico al Minuto** 2 genannt wird. Über dessen leuchtend roten Sonnensegeln kreisen und kreischen gefühlt Tausende Möwen, sodass man sich in einem ersten Schreckmoment in einer Filmszene aus Hitchcocks Vögeln wähnt. Der Markt belegt ein Gelände zwischen Kanalufer und dem **Palazzo Granaio,** der 1328 im gotischen Stil erbaut und einst der Kornspeicher der Gemeinde war. Das imposante Baudenkmal ist leider schon lange zwecks Restaurierung mit weißen Tüchern verhängt, wird gern als ›ewige Baustelle‹ verhöhnt und bei Ihrer Ankunft vielleicht wieder enthüllt sein. Man betritt das Verkaufsgelände seit 1947 durch den auffällig modellierten **Portale a Prisca,** dessen allegorische Reliefs der Bildhauer Amleto Sartori 1940 im Auftrag einer Familie im Gedenken an deren im Kindesalter verstorbene Tochter Prisca in schneeweißen Stein gemeißelt hat.

Als ob die Serenissima einen kleinen Satelliten abgeworfen hätte – am Canal Vena

Drinnen drängen sich Frauen und Männer fachsimpelnd vor dem Tagesangebot, das durch die roten Sonnensegel appetitanregend illuminiert ist. Etwa 30 *mògnoli,* wie die örtlichen Fischhändler heißen, preisen lauthals gestikulierend ihre großen und kleinen Fische, Schalen- und Krustentiere an.

INFOS/ÖFFNUNGSZEITEN

Mercato Ittico all'Ingrosso 1: Mo–Fr 4–8, 15–18.45, Sa nur 4–8 Uhr, ab 6/16 Uhr auch für Privatbesucher
Mercato Ittico al Minuto 2: Di–So 7–13 Uhr, beide: www.chioggiapesca.it

SCHNABULIEREN AM KANAL

Bar Caneva 1: Fondamenta Vena 1277, tgl. 7–21 Uhr. Nettes Kanalplätzchen für ein Tässchen Kaffee, Gläschen Wein und den kleinen Hunger, der hier mit leckeren *cichetti* gestillt wird.
Ristorante Riva Vena 2: Calle Manzoni 556, T 041 55 00 00 09, Do–Di mittags u. abends, Menü um 50 €. Hier schnabulieren Sie Fangfrisches aus Chioggia, das bei schönem Wetter direkt am Ufer des Kanals serviert wird. Auch Pizza.

Faltplan: C/D 6

Andrea der zweitälteste Uhrenturm der Welt. Der Turm, an dem schon seit 1386 eine prachtvolle Uhr tickt, firmiert drinnen unter **Museo Verticale** und weiht seine Besucher beim Aufstieg in seine aussichtsreiche Dachetage in die technischen Details des antiken Chronometers ein (So 10.30–11.30, 16.30–17.30 Uhr).

Immer am Kanal lang

Der Corso del Popolo mündet in die **Piazzetta Vigo** direkt am Lagunenufer, wo sich die **Colonna Vigo** mit besagter ›Löwenkatze‹ in den Himmel reckt. Eine Treppe führt auf den **Ponte Vigo,** der den mit acht weiteren Brücken dekorierten **Canal Vena** überspannt. Die malerische Wasserstraße fließt genau parallel zum Corso del Popolo und ist auf ganzer Strecke mittels kurzer Gassen mit ihm vernetzt. Sie ist Ankerplatz für fotogene alte Fischkutter, wird von pittoresk patinierten venezianischen *palazzi*, aber auch so manchem arg ramponierten alten Kasten gesäumt und gibt allmorgendlich eine tolle Kulisse für den wohl schönsten Fischmarkt an der Adria ab (▶ S. 74).

🏠 Schönstes Haus am (schönsten) Platz
Hotel Grande Italia
Historisches Hotel mit Lagunenblick und nostalgischem Flair. In dem Palazzo mit

Namenspatronin des Meeres zwischen Apennin- und Balkanhalbinsel ist die Stadt **Adria** (🗺 C 7). Schon seit Urzeiten war sie besiedelt, u. a. von Etruskern, heute liegt sie 25 km im Landesinneren, aber in prähistorischen Tagen direkt an der Küste. Die Meerestaufe übernahmen die alten Griechen, die damit nur den Golf von Venedig meinten. Erst später wuchs die ›Adria‹ bis rauf nach Triest und runter bis Apulien über sich hinaus.

Jugendstilinterieur überraschen zeitgemäß möblierte Zimmer in eleganter grau-weißer Farbgebung.
Rione Sant'Andrea 597, Piazzetta Vigo, T 041 40 05 15, www.hotelgrandeitalia.com, DZ ab 100 €

🍴 Rundum maritim
Osteria Penzo
Motive aus dem Fischerleben an den Wänden, Fisch, Meeresfrüchte und Radicchio auf dem Teller.
Calle Largo Bersaglio 525, T 041 40 09 92, www.osteriapenzo.it, Mi–So mittags u. abends, Menü ab 30 €

🍴 Höchster Fischgenuss
El Gato
Kreativ interpretierte lokale Fischküche in elegantem Ambiente.
Corso del Popolo 653, T 041 40 02 65, www.elgato.it, Di–So mittags u. abends, Menü ab 50 €

ℹ️ Infos
IAT: Lungomare Adriatico 101, www.lididichioggia.it.
Schiff und Vaporetto: Von der Piazzetta Vigo starten Ausflugsschiffe in die Lagune und die Vaporettolinie 11 nach Pellestrina, von wo man mit Bus und Fähre zum Lido di Venezia und von dort nach Venedig weiterfahren kann. Das dauert knapp zwei Stunden und ist rund ums Jahr und mehrmals am Tag möglich. Von Mai bis Sept. gibt es (1,5 Std.) mit der Vaporetto-Linie 19 ab Ponte dell'Isola dell'Unione eine Direktfahrt nach Venedig (9 Uhr hin, 17 Uhr zurück, einfach 8 €, hin u. zurück 14 €).

Delta del Po 🗺 D/E 7/8

Das Po-Delta ist eine durch Natur- und Menschengewalt dem Meer abgetrotzte Landschaft, die von den Nebenarmen des größten italienischen Flusses, Kanälen und Lagunenseen bewässert, von Fischern, Reis- und Gemüsebauern bewirtschaftet und einer artenreichen Vogelschar bevölkert ist.

Ein Fest für Vogelbeobachter: Zu entdecken sind verschiedene Reiherarten, Haubentaucher, Kormorane und Rohrweihen, Sperlingsvögel, Brandseeschwalben, Silber- und Lachmöwen und viele mehr.

Das Delta erstreckt sich vor den Toren der Städte Adria im Norden und Comacchio im Süden und ist seit 1988 auf großen Flächen als überregionaler **Parco del Delta del Po** naturgeschützt. Im Norden kümmert sich das Veneto und im Süden die Emilia-Romagna um seine touristische Erschließung, die hier wie dort in der Kartografierung und Markierung von Radwegen, dem Angebot von geführten Boots- und Biketouren und dem Aufstellen von Beobachtungsposten fürs Birdwatching besteht.

Tourvorschläge einholen

Porto Tolle, ein an sich kaum erwähnenswertes Dörfchen mitten im Po-Delta, ist eine ergiebige Adresse für Naturfreunde. In seinem Touristenbüro Pro Loco wird man mit gut sortiertem Karten- und Informationsmaterial zur individuellen und organisierten Erkundung des **Parco Regionale Veneto del Delta del Po** versorgt. Der gilt übrigens als ornithologisch spannendste Gegend Italiens, weil hier mehr als 370 Vogelarten unterwegs sind. Wer sich mehr für die Menschen als für die Tierwelt in dieser Biosphäre interessiert, kommt im **Museo Regionale della Bonifica Ca' Vendramin,** einer industriearchitektonisch imposanten historischen Pumpstation in **Taglio di Po,** auf seine Kosten. Dort erfährt man, wie das mittels Flussumleitung gewonnene und mit Reispflanzen kultivierte Sumpfgebiet seit der vorletzten Jahrhundertwende mit Hilfe dampf- und später elektrisch betriebener Pumpen dehydriert und für den Ackerbau ›gefügig‹ gemacht wurde.

Museo: Via Veneto 38, Taglio di Po, www.fondazionecavendramin.it, März–Okt. Mi–So 9.30–12.30, 15–18 Uhr, sonst 10–13 Uhr, 2 €

❶ Infos

IAT: Lungomare Adriatico 101, www.lididichioggia.it
Pro Loco Porto Tolle: Piazza Ciceruacchio 1, T 0426 811 50, www.prolocoportotolle.org., April–Sept. Di–So 9.30–12.30, Do, Fr, Sa auch 15.30–18.30 Uhr, sonst Di–Sa 9.30–12.30 Uhr
Parco del Delta del Po: www.parcodeltapo.it (von dort weiterklicken zu den regionalen Websites)

Romagnolische Adria zwischen Comacchio und Cattolica

Zwischen Comacchio und Cattolica vibriert das Epizentrum des italienischen Badetourismus und erstrahlt mit den frühchristlichen Mosaiken von Ravenna ein Leuchtturm europäischer Kulturgeschichte. Cervia schüttet süßes Salz in die Suppe und Comacchio liefert Aal aus der Lagune. In Rimini lassen die Römer und Federico Fellini grüßen und in seinem wald- und wiesengrünen Hinterland erhebt sich mit San Marino die älteste Republik der Welt.

Comacchio 🗺 C 9

Comacchio liegt im romagnolischen Po-Delta und nennt sich selbst gern Piccola Venezia, weil seine Altstadt mit pittoresk überbrückten Kanälen dekoriert ist. Es lebte seit der Antike von inzwischen eingestellter ›Salzernte‹ und widmet sich seit dem 13. Jh. der kulinarischen Aufbereitung von Aal und Ährenfisch, die hier ganz oben auf der Speisekarte und konserviert in hübschen bunten Dosen in den Schaufenstern stehen.

WAS TUN IN COMACCHIO?

Altstadtbummel

Das gefällige *centro storico*, städtebaulich von zweistöckigen Fischerhäusern in Pastellfarben dominiert, beeindruckt 4 km landweinwärts und ruht auf mehreren Inseln. Es lag noch bis zum 19. Jh. mitten *in* und befindet sich inzwischen *an* Italiens größtem Lagunensee **Valli di**

Comacchio, einem naturtouristischen Highlight des Parco Regionale del Delta del Po. Comacchios architektonischer Stolz ist das von zwei Türmen gekrönte ›Brückenwunder‹ **Trepponti,** das seit 1634 gleich mehrere Kanäle überspannt und sich mit breiten Treppen zu den angrenzenden Uferpromenaden herablässt. An einer von ihnen hat sich das tempelartige **Ospedale San Camillo** aus dem 18. Jh. jüngst ins einzigartige **Museo Delta Antico** verwandelt. Das soziale und kommerzielle Leben verdichtet sich auf dem **Corso Garibaldi.** Dort könnten Sie im **Caffè Ragno** unter den Arkaden des historischen Getreidespeichers **Loggia dei Mercanti del Grano** (17. Jh.) ein wenig Alltagsluft schnuppern, bevor Sie vorbei an Dom und Campanile an der Piazza XX Settembre *direttamente* zum **Loggiato dei Cappuccini** weiterziehen. Von dem langen Säulengang, der an der Wallfahrtskirche **Santuario di S. Maria in Aula Regia** (17. Jh.) endet, biegt man rechter Hand ab zur **Manifattura dei Marinati,** die mit dem Leben und Sterben der Aale vertraut macht (▸ S. 82).

Über viele Brücken musst du gehen: Diese, Trepponti, ist die berühmteste Comacchios und zählt allein schon fünf Treppen und fünf Rundbögen, die am Zusammenfluss dreier Kanäle errichtet wurden.

Spannende Zeitreise

Das **Museo Delta Antico** erzählt von Comacchios antiker Natur- und Kulturgeschichte und exponiert u. a. Fundstücke aus der etruskischen Hafenstadt Spina, auf deren historischem Boden heute Feriensiedlungen stehen. Weitaus spannender ist das ›Innenleben‹ eines 1980 bei Kanalarbeiten entdeckten römischen Schiffes, das im 1. Jh. bei Comacchio gestrandet war. Man staunt über insgesamt 700 ›Schätze‹, darunter Reste des Equipments, Utensilien zur Körperpflege, Schuhe, Spiele und Votivobjekte, sowie die Ladung in Gestalt von Bleibarren und Amphoren. Das Schiff selbst wird anderswo restauriert und ist nur im Modell zu sehen. Dafür hievte man ein anderes spätantikes Holzboot, eine sog. Piroga (Einbaum), ins neue Museum, das das antike Po-Delta museal gelungen zu neuem (virtuellen) Leben erweckt. Via Agatopisto 2, www.museodeltaantico. com, März–Juni, Sept./Okt. Di–So 9.30–13, 15–18.30, Juli/Aug. tgl., Nov.–Feb. Di–Sa 9.30–13, 14.30–18.30, Sa, So 10–17 Uhr, Eintritt 6 €

Meeres- und Hafenluft schnuppern

7 Lidi, ›Sieben Strände‹ nennt Comacchio seine Adriabadequartiere, deren insgesamt gut 20 km lange feinsandige Küstenlinie streckenweise von dichten Pinienhainen, (relativ wenigen) Hotels, einigen Campingplätzen und vielen Ferienhaussiedlungen gesäumt wird. Mit besonders dichtem Baumbestand beeindrucken der recht naturbelassene **Lido di Volano** zwischen Lagune (Valle Bertuzzi) und Meer und der **Lido di Spina** nahe dem historischen Standort der gleichnamigen etruskischen Hafenstadt. Unter dessen Piniendächern stehen einige Sommerresidenzen ›nach Bauhausart‹ sowie das **Museo Remo Brindisi** mit der Kunstammlung des gleichnamigen Malers (1918–96). Zu ihr gehören Werke namhafter Künstler des 20. Jh., etwa von Lucio Fontana oder Giorgio di Chirico (Via Nicolò Pisano, Juni–Aug. Di–So 9–23 Uhr, April, Mai, Sept., Okt. Fr–So 10–12.30, 15–17.30, Nov.–März Fr–So 15–17.30 Uhr,

4,50 €). Restaurants, Bars und Geschäfte, Wassersport- und Wellnessangebote konzentrieren sich am **Lido degli Estensi** und am **Lido delle Nazioni.** Kinder sollen sich am **Lido di Pomposa** und am **Lido degli Scacchi** besonders wohlfühlen. In **Porto Garibaldi** pulsiert das Badeleben vor der Kulisse eines geschäftigen Kanalhafens. In dem laufen Fischkutter mit Destination Adria und Ausflugsdampfer für Kanal- und Lagunenfahrten aus und ein und wird die Ausbeute der nächtlichen Fangtouren allmorgendlich *direttamente dalla barca* (direkt vom Boot) verkauft.

SCHLEMMEN, SHOPPEN, SCHLAFEN

 ### In fremden Betten

Einfach (und) nett
Cinzia
1960er-Jahre Charme, nette Balkonterrassen mit Meerblick und herzliche ›fischerfamiliäre‹ Atmosphäre. Via Anita 19, Porto Garibaldi, T 05 33 32 71 45, www.hotelcinzia.it, April–Okt., DZ ab 75 €

Erstes Haus am Kanal
La Comacina
Umsichtig geführtes Hotel-Restaurant, das seine Tische bei schönem Wetter auf einem Boot deckt. Dass es vornehmlich Fisch und selbstverständlich auch Aal gibt, ist eh klar. Via E. Fogli 17, T 0533 31 15 47, www.lacomacina.it, DZ ab 85 €

 ### Satt & glücklich

Fast Fish
Il Gran Fritto del Marinaio
Im Kanalhafen von Porto Garibaldi gibt es viele Lokale fürs schnelle und informelle Verspeisen frittierter Fische und Meeresfrüchte. Dieses ist das qualitativ beste und gemütlichste. Via Caduti del Mare 34, T 391 148 81 96, tgl. 12–16, 19–23 Uhr

10

Von der Lagune in die Dose – ›Aaldorado‹ Comacchio

Aale fressen sich nach ihrer langen Reise aus der Sargassosee in den Valli di Comacchio lang und fett. Einige schwimmen danach zur Eiablage retour in den Atlantik, andere landen in Comacchio auf dem Teller oder in der Dose. In der Manifattura dei Marinati macht man sich ein Bild von Geschichte und Gegenwart der lokalen Fischkonservenproduktion, das durch einen Ausflug in die Lagune noch anschaulicher wird.

Die ›Kathedrale der (Fisch-)Arbeit‹, die **Manifattura dei Marinati** , wurde zu Beginn des 20. Jh. ›geweiht‹ und zunächst privat geführt. 1933 wurde sie von der Gemeinde übernommen, die fortan die Aalfischerei in den Lagunen und die hier bereits seit Beginn des 18. Jh. industriell betriebene Produktion von Fischkonserven kontrollierte. Auf Initiative des Regionalparks Delta del Po und Slow Food wurde die Anfang der 1990er-Jahre geschlossene Fischfabrik 2005 partiell reanimiert, sodass nach der Aalfangsaison im Spätherbst wieder vier von zwölf Schloten der alten Fischfabrik rauchen. Da sie zugleich zum **Museum** umgewidmet wurde, ist der Weg des Aals von der Lagune in die Dose hier das ganze Jahr über nachzuvollziehen.

Wie der Aal in die Konserve kommt

Der Rundgang beginnt in der sog. **Calata,** wo die Aale lebend angeliefert wurden und heute die Plattbodenboote für ihren Transport von der Lagune in die Fabrik stehen. Nächste Station ist die **Sala dei fuochi** (Feuerhalle), in der die zwölf paarweise angeordneten Schornsteine münden. Vor dem Kaminfeuer werden die auf Spieße gesteckten Fischstücke bei niedriger Temperatur gebraten. Danach werden die eine Nacht lang ausgekühlten ›Bratlinge‹ in der **Sala degli aceti** in eine Marinade *(salamoia)* eingelegt und in Dosen konfektioniert. Im **Museumskino** sind schließlich eindrucksvolle historische Filme von diesem Prozedere zu sehen.

F
FILMREIF

Lagunen und Fischfabrik von Comacchio sind Schauplätze von Mario Soldatis Film »La Donna del Fiume« (1955) mit Sophia Loren am ›Aalgrill‹, aus dem im Museumskino schrecklich-schöne Szenen gezeigt werden.

Rosarot sehen

Vor oder nach der Fabrikbesichtigung empfehle ich eine Radtour zur **Casone Foce** 2, die man von hier über einen gut ausgeschilderten Weg nach ca. 4 km erreicht. Hinter der alten Fischereistation beginnt eine markierte, etwa 9 km lange (Rad-)Wanderstrecke zur ausgedienten **Salina di Comacchio** 3, wo eine stattliche Flamingokolonie angesiedelt ist. Die langbeinigen Schönen sind von nah und fern bezaubernd, besonders dann, wenn sie schwarmweise auffliegen und den Himmel über der Lagune rosarot färben. Mit ihnen leben hier gut 300 weitere Vogelarten, sodass man auf Schritt und (Pedalen-)Tritt großes und kleines Federvieh über sich kreisen oder durchs sumpfige Gelände staksen sieht. Die Aale werden Sie dagegen kaum zu Gesicht bekommen, wohl aber die in Kammern unterteilten **Aalfallen,** die wie ins Wasser gelassene Holz- oder Metallzäune anmuten. Ansehnlicher und interessanter sind die mit Hütten bebauten Holzplattformen namens *trabucchi,* von denen sich ein gespanntes Netz ins Wasser senkt und mit kleinen Ährenfischen *(acquadelle)* und Sardellen *(acciughe)* gefüllt wieder auftaucht.

Für den Aal soll es über 50 Rezepte geben. Hier verschwindet er in einer Retro-Dose und eignet sich ganz hervorragend als Mitbringsel.

INFOS/ÖFFNUNGSZEITEN

Manifattura dei Marinati 1: Corso Mazzini 200, T 0533 817 42, www.podeltatourism.it, Nov.–Feb. 9.30–13, 14.30 –18, März–Okt. 9.30–12.30, 15–19 Uhr, 2 €. Das Besucherzentrum des Parco Regionale del Delta del Po, verleiht auch Räder (12 € pro Tag, 8 € halber Tag).
Casone Foce 2: von hier Bootstouren in die Lagune, 11 Uhr, April–Okt. auch nachmittags, meist 15 Uhr (12 €)

AAL NATÜRLICH!

Bettolino di Foce 1: www.vallidicomacchio.info, Di–So 12–18 Uhr, um 10 €. (Nicht nur) Aalgerichte, Snacks, Kaffee in der gemütlichen alten Fischereistation.

Faltplan: C 9

40 Jahre Fischerfahrung
Ristorante Pericle
Fischrestaurant am Lungomare von
Porto Garibaldi, das mit Tradition und
guter Qualität punktet.
Via dei Mille 103, T 05 33 32 73 14,
www.ristorantepericle.it, mittags u. abends,
Menü um 50 €

....

 Stöbern & entdecken

Kulinarische Souvenirs
Pescheria Trepponti
Fangfrisches und Fischkonserven nahe
Comacchios Vorzeigebrücke. Nicht nur
Aal, die eingelegten und in Gläser abge-
füllten Sardellen sind superlecker!
Via Trepponti 34, tgl. 7.30–12.30, 14.30–
18.30 Uhr, Mo nur morgens

....

INFOS & TERMINE

....

IAT: Via Agatopisto 2 A, T 05 33 31 41
54, www.turismocomacchio.it
Bootstouren: Im Hafen von Porto
Garibaldi stechen Ausflugsschiffe in See,
Kanäle und Lagunen, z. B. die Albatros
(www.motonavealbatros.it) oder die Dalì
(www.deltainbarca.it). Die Andrea Doria
bietet Pescaturismo, also Begleitung beim
Fischen an (www.andrea-doria.it).
Sagra dell'Anguilla: Anfang Okt. wird
der Aal ausgiebig degustiert und zelebriert (www.sagradellanguilla.it).

....

IN DER UMGEBUNG COMACCHIOS

....

Sakrales Kleinod
Größte kulturhistorische Attraktion des
**Parco Regionale del Delta del Po
Emilia-Romagna** ist die im 17. Jh.
aufgelöste **Abbazzia di Pomposa**
(📖 C 8), wo sich wahrscheinlich schon
im 7. Jh. eine Klostergemeinschaft
niedergelassen hatte, die anno 1008 den
Salier Guido degli Strambati zu ihrem Abt
berief. Dieser beauftragte einen gewissen
Mazulo mit dem Bau einer Kirche, die
1026 geweiht wurde und durch die Kombination aus romanischer Strenge und

Die Reliquien des frommen Abtes
der Abbazia di Pomposa, präzise
zwei Schienbeine, ruhten zusammen
mit den sterblichen Überresten
der prominenten Verwandtschaft
im Dom von Speyer, bis einer der
Unterschenkelknochen anno 2000
nach Pomposa zurückkehrte.

verspielten orientalischen Stilelementen
entzückt. Der fast 50 m hohe **Campanile,** der das schon von den Mönchen
fleißig beackerte Feldermeer ringsherum
überragt, wurde der **Chiesa Abbaziale**
(Abteikirche) erst 1063 zur Seite gestellt.
Sein Baumeister orientierte sich an der
gestalterischen Leichtigkeit von Mazulo,
die besonders dem Entrée der Kirche,
einer mit Reliefbändern und Majoliken
verzierten Arkadenhalle, zugutekommt.
Der Boden des Gotteshauses ist mit floral
und geometrisch gemusterten Mosaiken
bedeckt, seine Wände sind nahezu
flächendeckend farbenfroh freskiert.
Weitere Fresken sowie Alltagsobjekte
aus dem Kloster sind im Kapitelsaal und
Dormitorium der Abtei zu sehen.
Via Pomposa Centro 12, Cordigoro, www.
abbaziadipomposa.altervista.org, Kirche tgl.,
Abtei Di–So 9–19 Uhr, 5 €

Ravenna 📖 C 10/11

**Ravennas historisch bedeutende
und atmosphärisch freundliche
Altstadt schmückt sich mit weltweit einzigartigen frühchristlichen
Mosaiken und der Tomba di Dante,
in der Italiens Nationaldichter
seine letzte Ruhe fand. Vor ihren
Toren liegen ein geschäftiger (Kan-
al-)Hafen und vielseitig bespaßte
Strände. Dass dort auch Erdölraffinerien, Chemie- und Stahlwerke
produzieren und emittieren, trübt
das schöne Adriaküstenbild.**

RAVENNA

Auf bunten Mosaikenwegen durch die Altstadt

An den Altstadtwegen zu den wegen ihres prächtigen Mosaikendekors als UNESCO-Weltkulturerbe gewürdigten Kirchen und Baptisterien (▶ S. 86) liegen noch mehr prächtige alte ›Puzzles‹. Auf der tierisch schönen Auslegeware der **Cripta Rasponi** 1 tummeln sich Hühner, Enten und Gänse, die schon weit über Tausend Jahre alt sind und vor ihrem Umzug in die kleine Adelsfamilienkapelle die Kirche San Severo (7. Jh.) im Vorort Classe bevölkerten (Piazza San Francesco 1, www.criptarasponi.it, März–Mai tgl. 10–18.30, Juni–Sept. 10–14, Okt.–Feb. Sa, So 10–18 Uhr, 2 €). Die Steinteppiche im **Domus dei Tappeti di Pietra** 2 datieren aus dem 6. und fragmentweise sogar 2.–4. Jh. (Via Barbiani 7, www.domusdeitappetidipietra.it, März–Sept. tgl. 10–18.30, Okt.–Anf. Jan. Mo–Fr 10–17, Sa, So

 # 11

Achtmal Weltkulturerbe – **die Mosaiken von Ravenna**

Die Mosaiken von Ravenna illustrieren auf wunderschöne und weltweit einmalige Weise den Epochenwechsel von der Antike zum Mittelalter und haben der Adriastadt siebenmal den Titel Weltkulturerbe beschert. Die achte Eintragung auf der illustren Monumentenliste verdankt sie dem Mausoleum von Theoderich, das allerdings leer ist, weil der Leichnam des Gotenkönigs auf bis heute ungeklärte Weise abhandenkam.

Ravennas große kunsthistorische Stunde schlug, als das alte Rom in ein ost- und weströmisches Reich zerfallen und der Kaiser des zweiten 402 in die Stadt gezogen war. Honorius und Verwandtschaft blieben bis 476, als auch das weströmische Reich Geschichte war und Ravenna unter die Knute des Germanen Odoaker geriet. Der wurde wiederum 493 von Theoderich abserviert. Nach dessen Tod war Ravenna ab 540 Exarchat (Vorposten) des oströmischen bzw. byzantinischen Reiches unter Kaiser Justinian.

Mittelalterliche Zensur

Sechs der acht Weltmonumente, mit denen diese historischen Herrschaften Macht und Glauben demonstrierten, befinden sich mitten in der Stadt. Beginnen wir mit der **Basilica di S. Apollinare Nuovo** 6, die sich Theoderich zu Beginn des 6. Jh. direkt vor der Haustür seines inzwischen verschwundenen Palastes bauen ließ. Die meisten Mosaiken, die das dreischiffige Innere der Kirche nebst rundem Glockenturm zieren, legte man allerdings erst nach seinem Tod. Diejenigen, die schon da waren, wurden korrigiert, weil der Gote ein Arianer und aus Sicht Justinians ein Ketzer war. Der Zensur anheimgefallen ist z. B. das Bild von Theoderichs Palast rechts vom Altar, von dem der ›Gotteslästerer‹ nebst Gefolge einfach gelöscht wurde.

ÜBRIGENS

Die arianische Lehre geht auf einen gewissen Arius (260–336) zurück, der nur einen einzigen Gott akzeptierte und Jesus zwar als Gottbefohlenen, nicht aber Inkarnation des Allmächtigen sah. Das widersprach der Trinitätslehre und wurde auf dem Konzil von Nicäa (325) als Häresie verdammt, was den meisten Germanen offenbar egal war.

Als prächtigste Bilderkirche gilt die **Basilica di S. Vitale** 7. Sie präsentiert sich seit 540 als verschachtelt-verschlungener Baukörper in orientalischem Design und ist innen mit gold-grün glänzenden Mosaiken übersät. Die ›Puzzles‹ preisen den Vater im Himmel und sein ›Bodenpersonal‹ und porträtieren Kaiser Justinian und seine Gattin Theodora, die dort bis heute strahlend schön auf uns hinunterschauen.

Von der Wiege bis zur Bahre

Wahre Kleinodien sind Ravennas Taufkapellen. Das **Battisterio degli Ariani** 8 (6. Jh.) ist innen von einer goldgrundigen Kuppel mit einem Bild von der Taufe Jesu überspannt. Dasselbe Mosaikbildmotiv ziert das knapp 100 Jahre ältere **Battisterio Neoniano** 9, das noch mehr blinkt und blitzt als das Erste und auch »orthodoxes Baptisterium« genannt wird.

Die ältesten Mosaiken brillieren im **Mausoleo di Galla Placidia** 10, das sich Honorius' Schwester, die tatsächlich um 450 in Rom begraben wurde, als letzte Ruhestatt ausgesucht hatte. Es entzückt mit einem tiefblauen Nachthimmel, der von goldenen Sternen illuminiert ist. Bleibt in der Stadt noch der Gang zu Theoderichs ins Museo Archivescovile integrierte Oratorium **Cappella S. Andrea** 11 (Anfang 6. Jh.), auf dessen türkisblau grundiertem Mosaikbild Christus, die Erzengel und Evangelisten versammelt sind.

Mir gefallen die hellen und heiteren Mosaiken im 9 km entfernten Classe am besten. Sie erleuchten die **Basilica di S. Apollinare in Classe** 12, die 549 geweiht und im 10. Jh. um einen Campanile ergänzt wurde. Ihr in Motiv und Machart anrührendes Altarbild zeigt Bischof S. Apollinare inmitten von Schafen auf einer grünen Wiese. Er erhebt die Hände zum goldenen Himmel, in dem ein Kreuz mit dem Antlitz Jesu strahlt. Eher düster-depressive Gefühle kommen dagegen an Theoderichs badewannengleichem Sarkophag im dreigeschossigen **Mausoleo di Teodorico** 13 am Stadtrand von Ravenna auf, wo das außen schneeweiße Grabmal in einer grünen Parkanlage aufleuchtet.

Hat sich gut gehalten: Kaiserin Theodora in der Basilica di San Vitale

INFOS/ÖFFNUNGSZEITEN
Alle 9–19 Uhr u. mit dem *biglietto cumulativo* zu 9,50 € zu besuchen, außer **S. Apollinare in Classe** 12 (Via Roma Sud, Classe, So erst ab 13 Uhr, 5 €), **Mausoleo di Teodorico** 13 (Via delle Industrie 14, 4 €) und **Battisterio degli Ariani** 8 (gratis).

Cityplan: S. 85

Klotzen, nicht kleckern scheint das Motto von Theoderich, dem Erbauer der Basilica di Sant'Apollinare Nuovo, gewesen zu sein: Die Säulen sind aus Marmor, der aus Konstantinopel importiert wurde, die Mosaiken glänzen golden …

10–18 Uhr, 4 €). Dass Mosaikkunst in Ravenna nicht nur strahlende Vergangenheit, sondern auch kreative Gegenwart ist, demonstrieren die Namensschilder an den Haustüren oder das **Tamo** ■3, wo hinter alten Klostermauern sowohl Historisches als auch Zeitgenössisches zu bestaunen ist (Via Rondinelli 2, www.tamoravenna.it, März–Mai tgl. 10–18.30, Juni–Aug. Mo–Fr 10–14, Sept./Okt. Mo–Fr 10–17, Sa, So 10–18 Uhr, Nov., Dez. Mo–Fr 10–17 Uhr). Danach könnten Sie noch das **Museo d'Arte della Città** ■4 besuchen, dem guten alten Dante die Ehre geben oder einfach lecker essen und trinken gehen!

Viel Zeitgenössisches

Natürlich hat auch das Kunstmuseum der Stadt, das **Museo d'Arte della Città** ■4, eine Abteilung mit Mosaikkunst, allerdings nur moderner und zeitgenössischer Art. Ansonsten präsentiert es Gemälde und Skulpturen aus dem 14. bis 21. Jh. Es macht immer wieder mit spektakulären Sonderausstellungen Furore und ist wegen seines imposanten Domizils in einem alten Kloster auch als Hochzeitslocation angesagt.

Via di Roma 13, www.mar.ra.it, Di–So 9–18 Uhr, 5 €

Wertvolle Knochen

Dante Alighieri (1265–1321) war quasi ein politischer Flüchtling, der in seiner Heimatstadt Florenz in Ungnade gefallen und 1316 beim damaligen Stadtregenten von Ravenna untergekommen war. Er vollendete in dessen Haus »Die Göttliche Komödie« und starb hier im Jahre 1321. Nachdem seine sterblichen Überreste lange Zeit in einem Franziskanerkloster versteckt worden waren, wurden sie 1865 in der **Tomba di Dante** ■5, einem neoklassizistischen Tempelchen, bestattet. Darauf prangt ein Relief von Pietro Lombardi vom Ende des 15. Jh., das Italiens großen Dichtersohn in gedankenversunkener Pose zeigt. Gleich nebenan würdigt ein **Museum** sein Lebenswerk.

Via Dante Alighieri 9, April–Okt. 10–18, sonst bis 16 Uhr, Eintritt frei

SCHLEMMEN, SHOPPEN, SCHLAFEN

In fremden Betten

Modern und mittendrin
Hotel Centrale Byron ❶
Modern möbliertes Dreisternhaus mitten im Altstadtleben.
Via IV Novembre 14, T 0544 334 79, www.hotelsravenna.it, DZ ab 70 €

Nobel-nostalgisch
Albergo Cappello ❷
Antik möblierte Zimmer und Suiten in einem liebevoll restauriertem Renaissancepalazzo.
Via IV Novembre 41, T 0544 21 98 14, www.albergocappello.it, ab 120 €

Satt & glücklich

Weinkult(-ur) mit Küche
Ca' de Vèn ❶
Holzgetäfeltes Weinlokal unter den freskierten Gewölben des historischen Palazzo Rasponi, in dem man 100 Sorten romagnolischen Wein schlürfen und – im Sommer im Hof – lecker lokaltypisch speisen und snacken kann. Überregional bekannt und beliebt!
Via C. Ricci 24, T 0544 301 63, www.cadeven.it, 11–14.15, 18.30–22.30 Uhr, Di–So, Menü um 30 €

LEBENSMITTELPUNKT

Die schöne alte Markthalle **Mercato Coperto** ⓘ, in der schon seit 1920 Lebensmittel aller Ort locken, wird gerade für die Zukunft fit gemacht. Wegen archäologischer Funde stoppten die Bauarbeiten zwischenzeitlich. Ab Sommer 2018 soll es hier aber wieder Gaumenfreuden zum Mitnehmen und Verzehr vor Ort geben und der grandios geplante Food Court mit historischem Flair fertig sein (Piazza A. Costa).

Kreative Saisonküche
Osteria del Tempo Perso ❷
Raffinierte Fisch- und Fleischgerichte in elegant-gemütlichem Ambiente.
Via Gamba 12, T 0544 21 53 93, www.osteriadeltempoperso.it, tgl. 19.30–22.30 Uhr, Sa, So auch mittags, Menü um 40 €

INFOS & TERMINE

IAT: Piazza San Francesco 7, T 05 44 354 04, www.turismo.ra.it, Mo–Sa 8.30–19, So, Fei 9.30–17.30 Uhr
Bus und Bahn: (Bus-)Bahnhöfe an der Piazza Farini. Zugverbindungen nach Bologna und Rimini, Busse der Gesellschaft METE (www.startromagna.it) innerhalb der Stadt, zu den Küstenquartieren, nach Ferrara und Rimini
Ravenna Festival: Juni/Juli, www.ravennafestival.org. Theater, Musik und Tanz.

Cervia D 11

Bevor die Badetouristen massenhaft kamen, lebte Cervia jahrhundertelang fast ausschließlich vom Salz. Das ›weiße Gold‹ wird seit 1959 vornehmlich industriell, in jüngster und zunehmend ökologisch bewusster Vergangenheit aber auch wieder von Hand ›geschürft‹.

Salzstadtbummel
Da die Infrastruktur der historischen Keimzelle von Cervia dem boomenden Salzhandel nicht mehr gewachsen war, brauchte es an der Wende vom 17. zum 18. Jh. eine neue Stadt. Deshalb ist Cervias Altstadt historisch betrachtet relativ jung. Ihre in freundlichen Pastellfarben gestrichenen zweistöckigen Wohnhäuser, Kommunaltempel und die dem Salz geweihten ›Backsteinkathedralen‹ am **Porto Canale – Magazzino Torre** und **Magazzino Darsena –** entstanden zwischen 1698 und 1740 gleichsam in einem städtebaulichen Rutsch. Vor ihrer gefälligen Kulisse pulsiert quirliges Kleinstadtleben, das sich am Abend in

Süße Körnchen –
Museo del Sale in Cervia

Salz mehrte jahrhundertelang den Wohlstand der Städte an der Oberen Adria. Es war für sie von genauso großem Wert wie heute das Erdöl für die arabischen Emirate. Im Salzmuseum von Cervia erfährt man alles über das ›weiße Gold‹, das in der alten Salzmetropole jüngst auch wieder manuell geschürft wird und vergleichsweise mild im Geschmack ist.

Das **Museo del Sale** 1 in einem ausgedienten Salzspeicher im Kanalhafen erzählt in der authentischen Kulisse des imposanten Industriedenkmals mit anschaulichen musealen Inszenierungen von der stadt-, sozial- und kulturgeschichtlichen Bedeutung des *sale dolce* von Cervia.

Natur und Kultur

Der Parcours beginnt mit fantastischen Filmaufnahmen von der örtlichen Salinenlandschaft und ihrer artenreichen Fauna, darunter zahlreiche (Wasser-)Vogelarten und ein Krustentier namens *Artemia salina,* dessen Verzehr die Flügel der dort ebenfalls wohnhaften Flamingos rosarot färbt. Man lernt die natürlichen Voraussetzungen für die Entstehung von Salzkristallen, ihre chemische Zusammensetzung und physikalischen Eigenschaften kennen. Es geht um die Verwendung von Salz als Nahrungs-, Konservierungs- und Heilmittel und seine Wertschätzung und Bedeutung als Kulturgut, was hier u. a. Tausende von Salztiegeln und -streuern aus allen Zeiten und Gesellschaftsschichten demonstrieren.

Ein ›Pappkamerad‹ in der Uniform eines Finanzpolizisten weist darauf hin, dass es in Italien von 1862 bis 1974 ein staatliches Monopol auf Salz gab, wovon übrigens das Schild »sale e tabacchi« an Zigarettengeschäften bis heute zeugt. Seine realen Vorbilder wachten einst in schmalen Betonkabinen am Rande der Salinen darüber, dass kein Gramm Salz ›am Staat vorbei‹ in den Handel kam.

Erst schlau machen im Salzmuseum, dann Fisch essen auf bunten Stühlen am Kanal – das Leben an der Adria kann so schön sein.

Harte Arbeit, süßer Lohn

Das Museum rekapituliert die Stadtentwicklung von Cervia, das schon seit dem 12. Jh. im stetig expandierenden Salzgeschäft ist, das seit dem 18. Jh. in den beiden turmgekrönten Speicherbauten floriert. Die Abteilung ›Mensch und Saline‹ führt mit großformatigen historischen Fotos, Frachtkähnen und Werkzeugen vor Augen, wie sauer die Salzarbeiter *(salinari)* mit dem süßen Salz ihren Lebensunterhalt verdienten. Durch Tücher notdürftig gegen die brütende Hitze geschützt, wateten die Frauen und Männer barfuß mit großen Holzschabern und schwer beladenen Schubkarren durch das feuchte Gelände. Per Boot wurde die Ausbeute dann zu den Salzmagazinen im Kanalhafen transportiert, wo sie auf seetaugliche Schiffe verladen wurden. Die Salzladung wurde auf einem speziellen Plattbodenboot mühsam durch die Kanäle bugsiert. Rudernd gab dabei ein Arbeiter die Richtung vor, während ein anderer den Kahn vom Deich aus mit einem dicken Seil zog.

Die netten älteren Herren an der Museumskasse sind meist ehrenamtlich aktive pensionierte *salinari*, die sich in einem Kulturverein zur Pflege der lokalen Salztradition zusammengeschlossen haben.

Die manuelle Salzernte wurde in den 1950er-Jahren eingestellt und 2003 revitalisiert. Das *sole dolce* von Cervia enthält nur wenig Kalium, Magnesium und Bitterstoffe, deshalb schmeckt es tatsächlich relativ mild bzw. süß. Jedenfalls attestiert Slow Food dem im Museumsshop hübsch ›eingesackt‹ verkauften ›süßen Salz‹ von Cervia besonders gute Bekömmlichkeit und kulinarische Qualität.

INFOS/ÖFFNUNGSZEITEN

Museo del Sale **1**: Via Nazario Sauro 24, T 05 44 97 75 92, http://musa. comunecervia.it, Juni–Mitte Sept. tgl. 20.30–22.30, Mitte Sept.–Mai Sa, So, Fei 15–19 Uhr, Eintritt 2 €

KULINARISCHES FÜR ZWISCHENDRIN

Wie wäre es mit einem feinen Fischmenü in der **Locanda dei Salinari** **1**, die in einem restaurierten Salzarbeiterwohnhaus untergebracht ist? (Via XX Settembre 67, T 05 44 97 11 33,

mittags u. abends, im Winter Mi u. Do geschl., Menü um 40 €)

ÜBRIGENS

Die Schauplätze von Geschichte und Gegenwart der Salzgewinnung in Cervia firmieren auch unter **Ecomuseo del Sale e del Mare di Cervia** (www.ecomuseocervia.it).

den Kanalhafen verlagert, wo sich nette Restaurants und Weinbars aufreihen, die ihre Tische nah am Wasser decken und zum Schlemmen, Schlürfen und Schnacken animieren.
Cervias **Strände** locken direkt vor den Stadttoren und in den später hinzugekommenen Badevororten **Tagliata, Pinarella** und **Milano Marittima**. Letzterer liegt inmitten üppiger Pinienwälder und sticht durch besondere Eleganz hervor. Er hat mehr schicke Hotels, Designershops und Cocktaillounges, aber weniger Seele als das immerhin knapp 300 Jahre alte Zentrum der Stadt.

PIADINA DE LUXE

In und um Cervia steht an jeder Ecke ein *chiosco,* in dem die leckeren romagnolischen Teigfladen frisch gebacken und wahlweise süß oder herzhaft gefüllt werden. Die besten Piadine kommen aus der ›Pfanne‹ des Chiosco del Lago neben dem Besucherzentrum der Salinen (Do–Di ab 11.30 Uhr).

Salziges Feuchtbiotop

Das **Centro Visite** direkt an den **Saline di Cervia** (Salina Camillone), die übrigens von einer Flamingokolonie besiedelt sind, arbeitet im Auftrag des Regionalparks Po-Delta. Es erklärt in einer kleinen Ausstellung die Entstehung und Ernte von Salz, offeriert aus ihm gewonnene Kosmetika und lädt zu (Rad-)Wanderungen, Bootstouren und Birdwatching ein. Auf dem Programm stehen Führungen durch die Salinen (15. Juni–15. Sept, Do, So 16.30 Uhr) und saisonal sogar die aktive Teilnahme an der Salzernte (15. Juni–30. Aug. Di 16.30 Uhr; Anmeldung erbeten, T 338 950 77 41, aktuelle Infos im Besucherzentrum oder Salzmuseum).

Centro Visite: Via Bova 61 (direkt an der SS 16), T 0544 97 30 40, 12, www.atlantide.net, Juni–Sept. tgl. 15.30 Uhr bis Sonnenuntergang, März–Mai, Okt./Nov. Sa, So, Fei 10–12.30, 14.30 Uhr bis Sonnenuntergang

🏠 Nobel-nostalgisch
Garnì Anna

Die bescheidene kleine Villa mit Garten in einer ruhigen Seitenstraße zwischen Zentrum und Stränden punktet mit schlicht möblierten und blitzsauberen Zimmern, der Nähe zur Barmeile am Kanalhafen, einem stimmigen Preisleistungsverhältnis und nicht zuletzt einem freundlichen Geschäftsführer.

Via Volturno 30, T 054 47 15 34, www.garnianna.it, Mitte März–Sept., DZ 57–87 €

🍷 Fröhlich-frische Fischgelage
Circolo Pescatori La Pantofla

Im rustikalen Kanalhafenlokal der Fischerkooperative La Pantofla stehen nach alten Fischersfrauenrezepten zubereitete Fische und Meeresfrüchte auf der Tafel, die sich nach dem Tagesfang richtet, sodass hier nur relativ wenige Gerichte zur Auswahl stehen. Das Essen ist gut und günstig, der Laden immer voll, die Stimmung gut und manchmal spielen und singen lokale Virtuosen.

Via Nazario Sauro 1, T 05 44 97 38 89, www.circolopescatoricervia.it, Mi–Mo 6.30–24 Uhr, Menü 20 €

⓫ Wie bei Muttern
Casa delle Aie
Das Landhaus im grünen Süden von Milano Marittima versammelt all diejenigen, die Fisch nicht mögen oder sich zur Abwechslung an hausgemachter Pasta und Piadina und/oder fleischigen Hauptgerichten laben möchten.
Via Aldo Ascione 4 (SS 16), T 0544 92 76 31, nur abends, So auch mittags, ab Mitte Sept. Mi geschl., Menü 20 €

🍴 Schlaraffenland
Casadei Gastronomia e Pasticceria
Bei Casadei gibt's alles, was das kulinarische Herz begehrt: Süßes und Herzhaftes, frisch gekocht, gebraten oder gebacken oder in Gläsern, Dosen und Tüten konserviert.
Piazza C. Pisacane 51, tgl. 8–13, 16–20 Uhr

✴ Nightlife am Kanal
Tamarindo
Wenn sich die Sonne langsam senkt, öffnen die flippigen Bars und Cafés am Kanalhafen ihre Türen, aus denen Cervias Szene mit Musik beschallt wird. Manche stellen ihre Tische und Stühle direkt ans Kanalufer, z. B. die freundlichen Jungs von der Bar Tamarindo, die tolle Weine auf der Karte haben und dazu ein paar leckere Häppchen servieren.
Via Nazario Sauro 10, tgl. 16–3 Uhr

❶ Infos und Termine
IAT: Via Evangelisti 4 (Torre S. Michele), T 0544 97 44 00, www.turismo.comunecervia.it, Juni–Sept. Mo–Sa 9.30–18.30, So 10–18.30, sonst Mo–Fr 10–16, So 11–17 Uhr
Sposalizio del Mare: In Cervia wird bereits seit 1445 alljährlich zu Christi Himmelfahrt vom jeweils amtierenden Bischof ein goldener Ring im Meer versenkt, um damit ein fisch- und salzreiches Jahr zu erflehen. Das Fest wird auch in Venedig und Pisa begangen (www.sposaliziodelmare.it).
Sapore di Sale: Anfang Sept. Mehrtägiges ›Infotainment‹ (Ausstellungen, Exkursionen etc.) rund ums ›süße Salz‹ von Cervia.

Art-Noveau-Plakatkunst von Giovanni Guerrini (1887–1972) mit den bunten Segeln in Cesenaticos Kanalhafen.

Cesenatico 🗺 D 12

Cesenatico ist stolz auf seine feinsandigen Strände und den romantischen Porto Canale, zumal den kein Geringerer als Leonardo da Vinci geplant hat, und natürlich die Radsportlegende Marco Pantani, die hier 1970 geboren wurde und 2004 in einem Hotelzimmer im nahen Rimini seiner Depression und Drogensucht erlag.

In Cesenatico steht der erste und bislang höchste Wolkenkratzer an der italienischen Adria. Der Wohnturm, **Grattacielo di Cesenatico**, schießt seit 1958 direkt neben dem nobel-nostalgischen Grand Hotel, Baujahr 1929, 113 m übers Meer hinaus.

Es hat dem Ausnahmesportler, der mehrfach bei Tour de France und Giro d'Italia triumphierte, ein lebensgroßes **Bronzedenkmal** (Piazza Marconi) gewidmet und die ›Wallfahrtsstätte‹ **Spazio Pantani** geweiht (Via Cecchini 2, www.pantani.it, April–Sept. tgl. 9–12.30, 15.30–19, sonst Mi–So 10–12, 15–17 Uhr, 5 €). Abgesehen von dieser zugleich als Devotionalienshop geführten Heldengedenkstätte konzentriert sich alles – auch kulinarisch – Erlebenswerte am **Porto Canale,** der im 16. Jh. seine fotogene Gestalt annahm.

Kanalhafenspaziergang
Das malerische Hafenviertel besticht durch sein ansehnliches architektonisches Ensemble, vor dessen Kulisse hübsch bemalte Fischkutter vor Anker liegen, die ebenso pittoreske bunte Segel mit den ›Logos‹ der einzelnen Fischerfamilien gehisst haben. Die schönsten Exemplare dümpeln vorm **Museo della Marineria,** wo man ebenso wie auf der **Piazzetta delle Conserve** gleich um die Ecke allerhand übers Fischerleben erfährt. Auf dem romantischen Platz unter Bäumen erheben sich brunnenartige Gebilde, die einst im Winter mit Eis und gepresstem Schnee gefüllt wurden, um Fisch zu konservieren. Die dann mit Stroh und doppelten Türen isolierten frühen ›Kühlschränke‹ garantierten monatelange Haltbarkeit.

Alles übers Adriafischen
Im **Museo della Marineria** kann man *bragozzi* oder *trabaccoli,* so die Namen der alten Fischerboote, ihre Baupläne und Segel(-dekorationen) studieren. Historisches Equipment und 3 D-Filme erklären Fischfangtechniken und den Arbeitsalltag der Adriafischer. Nebenan hütet ein Antiquarium Relikte aus der antiken und mittelalterlichen Stadtgeschichte.
Via Armellini 18, www.museomarineria.comune. cesenatico.fc.it, Mai–Mitte Sept. tgl. 10–12, 15–19 Uhr, sonst Sa, So 10–12, 15–19 Uhr, 2 €

🏠 Herzlich maritim
Hotel Trieste
Sonia und Richi haben das von den Eltern geerbte und mit Liebe geführte kleine Familienhotel jüngst in zeitgenössisch-maritimem Design renoviert.
Viale Ferrara 5, T 0547 820 63, www.hotel-trieste.net, DZ ab 70 €

🏠 Mit (Jugend-)Stil
Hotel Stresa
Elegant-gemütliche Zimmer in einer Villa vom Beginn des 20. Jh. in einem schönen Garten zwischen Stadtstränden und Kanalhafen.
Viale Carducci 35, T 0547 67 22 02, www.cesenaticohotelstresa.com, DZ ab 90 €

🍽 Leger und lecker
Osteria del Gran Fritto
(Frittierte) Fische in informeller Atmosphäre direkt an Leonardos Kanal.
Corso Garibaldi 41, T 0547 824 74, www.osteriadelgranfrittocesenatico.com, Menü um 30 €

🍽 Fischerromantik
Ristorante Pippo
Lokaltypische Fischspezialitäten in romantischer Hafenlage.
Via Giordano Bruno 7, T 054 78 03 78, Di–So mittags u abends, Menü um 40 €

🍽 Sterneküche
La Buca
Exquisite Fischküche in minimalistisch-elegantem Interieur.
Corso Garibaldi 45, T 0547 186 07 64, www.labucaristorante.it, Di–So, Menü um 70 €

🛍 Blaudrucksouvenirs
Stamperia Braghittoni
Dekorative Blaudrucktisch- und Bettwäsche mit maritimen Motiven wie Fischen oder Muscheln – Kunsthandwerk, kein Kitsch!
Via Fiorentini 55, www.stamperiabraghittoni. it, Mo, Mi, Fr, Sa 10–13, 16–19, Di, Do, So nur 10–13 Uhr

❶ Infos und Termine
IAT: Viale Roma 112, T 0547 67 32 87, www.cesenaticoturismo.com
Dezember: In der Adventszeit werden Fischkutter vor dem Museum zur Krippe mit lebensgroßer ›Figurenbesatzung‹.

Rimini 🗺 E 12/13

Rimini gilt als historische Keimzelle des italienischen Badetourismus, weil hier 1843 das erste Strandbad eröffnete, worauf sich Adel und wohlhabendes Bürgertum in der Stadt elegante Villen und ein mondänes Grand Hotel leisteten. Es war in den 1970er-Jahren zum Synonym für Massentourismus verkommen und als ›Teutonengrill‹ berühmt-berüchtigt. Seine Strandquartiere sind nach wie vor gewöhnungsbedürftig, sein Centro storico auf Anhieb sympathisch und überraschend alltagscharmant. Rimini pflegt das Erbe von Römern, Renaissancefürsten und Federico Fellini, der seiner Heimatstadt zeitlebens in Hassliebe verbunden war.

....

WAS TUN IN RIMINI?

....

Sand und Strand

2017 empfing Rimini 7 Mio. Urlauber, die in gut 1500 Hotels abstiegen und sich an zehn Strandkilometern respektive in 250 Strandbädern verlustierten.

Die der Masse wegen namenlosen und nummerierten *bagni* bespaßen ihr zahlendes Badepublikum in den von Hotelriegeln und billigen Souvenirshops flankierten Strandzonen **Marina Centro, Bellariva, San Giuliano Mare, Rivabella** und **Viserba** (unmöblierte bzw. freie Strände nahe der Piazza Boscovich und in San Giuliano Mare). Weil das Gros der Badegäste im Juli und August kommt, geht es im Frühjahr und Spätherbst selbst im Epizentrum des italienischen Badetourismus relativ beschaulich zu.

Zwischen den Welten wandeln

Die Eisenbahnlinie trennt die Strand- und Altstadtwelt von Rimini, das unmittelbar hinter den Gleisen mit dem seit dem Mittelalter gewachsenen Fischerquartier **San Giuliano** überrascht. Das entzückt mit kleinen Gassen und bunt gestrichenen zweistöckigen Häusern, auf deren Wänden bunte **Murales** ins Auge fallen. Während viele Wandgemälde Fellini huldigen (▶ S. 100), verraten die bunten Keramikschilder an den Eingangstüren im *borg,* wie die Fischer ihren ›Kiez‹ gern nennen, die bürgerlichen und Spitznamen ihrer Bewohner. Einige nette kleine Lokale des

Rimini's Next Topmodel 60 plus – Hungerhaken haben hier glücklicherweise von jeher keine Chance.

13

Salve Ariminum – römisches Erbe in Rimini

Die alten Römer konnten kaum voraussehen, dass über ihren Ponte Tiberio einmal seltsam schnurrende Blechkisten rauschen und im Sommer massenhaft Touristen von den Strandbädern in die Altstadt pilgern würden. Dagegen eröffnet sich uns Nachgeborenen dank digitaler Technik ein virtueller Blick zurück in ihre Welt, von der in Rimini aber auch allerhand Reales erhalten geblieben ist.

Wenn man bedenkt, wie häufig über einsturzgefährdete Brücken aus den 1960er-Jahren geklagt wird, zieht man den Hut vor dem unkaputtbaren **Ponte Tiberio** 1, der sich seit dem 1. Jh. über den Marecchia spannt. Der Fluss hieß zu jener Zeit noch Ariminum und wurde Namenspatron der 268 v. Chr. gegründeten römischen Kolonie, die in der Spätantike zu einer bedeutenden Stadt avancierte, zumal sie über die Via Flaminia mit der Hauptstadt und die Via Emilia mit Piacenza bzw. der Westküste des antiken Weltreiches vernetzt war.

Stabil und schön

Die Brücke, möglicherweise noch in der Ägide von Augustus (63. v. Chr.–14. n. Chr.) geplant, aber erst unter Tiberius (42. v. Chr.–37. n. Chr.)

Brückenbauer von heute aufgepasst: Dieses Beispiel römischer Ingenieurskunst ist nicht nur schön anzusehen, sondern es hält und hält und hält …

in Betrieb genommen, ist aus istrischem Kalkstein und von fünf Rundbögen aufgelockert, etwa 70 m lang, 8,6 m breit und auf massiven Pfeilern in den Fluss gerammt. Sie führt auf die römische Altstadtachse Corso d'Augusto, wo gleich linker Hand das **Center ARimini** 2 zu einer spannenden multimedialen Zeitreise in Riminis römische Vergangenheit einlädt. Nach kurzfristiger Rückkehr in die Gegenwart des Corso d'Augusto biegt man via Corso Giovanni XXIII erneut in die Antike, und zwar in Richtung Stadtmuseum ab.

Römische Arztpraxis

Das **Museo della Città** 3 spannt zwar den (kunst-)historischen Bogen von der grauen Vorzeit bis zur Gegenwart, schenkt den römischen Ahnen aber erhöhte Aufmerksamkeit. Die meisten Exponate datieren aus der Kaiserzeit, als Rimini eine herausragende kommerzielle, militärische und politische Rolle spielte. Der größte Stolz ist eine 150-teilige Kollektion aus pharmazeutischem und medizinischem Equipment (2. Jh. n. Chr.). Die Behälter, Bestecke und Instrumente wirken so, als seien sie gerade aus der Hand gelegt worden und lassen über das Know-how der alten Römer staunen. Man fand sie in einem Haus gleich um die Ecke, das **Domus del Chirurgo** 4 genannt wird. Die antike Arztvilla mit ihren schönen farbigen Mosaiken offenbart bis heute ihre unbescheidenen Dimensionen.

Salve, Cäsar

Zurück auf dem Corso d'Augusto ist bald die **Piazza Tre Martiri** 5 am Standort des antiken Forums erreicht. Dort erinnert eine huldvoll grüßende Cäsar-Statue an Riminis große römische Tage, die mit dem **Arco d'Augusto** 6 am Ende der Straße abermals einen respektablen Akzent setzen. Wenn sie wissen wollen, wo die damalige Stadtbevölkerung mit *panem et circenses* (Brot und Spiele) auf Untertanenlinie gebracht wurde, lohnt sich ein Abstecher zu den Resten des **Anfiteatro Romano** 7 aus dem 2. Jh. (Via Venezia). Schließlich steht auch noch ein antikes Stadttor namens **Porta Montanara** 8, durch das man seit dem 1. Jh. v. Chr. nach Ariminum ritt und rollte (Via Giuseppe Garibaldi 112).

Cityplan: S. 99

INFOS/ÖFFNUNGSZEITEN

Center ARimini 2:
Corso d'Augusto 235,
www.riminiromana.it,
Juni–Sept. Di–Sa 10–13,
16.30–19.30, Fr 20–22,
So 9.30–12.30, Okt.–
Mai Di, Do 9–13, Mi, Fr,
Sa 15–19, So 9.30–
12.30 Uhr, Eintritt frei
Museo della Città 3:
Via L. Tonini 1, www.
museicomunalirimini.it,
Di–Sa 9.30–13, 16–19,
So, Fei 10–19 Uhr, 7 €
(mit Domus del Chirurgo)
Domus del Chirurgo 4: Piazza Ferrari,
Öffnungszeiten ► Museo
della Citta

FILMREIF

Das **Caffè Commercio** 1, übrigens ein Schauplatz in Fellinis Film »Amarcord«, serviert zwischen den Haustüren von Stadtmuseum und der Villa des römischen Chirurgen das ganze italienische Café- und Barprogramm (Piazza Ferrari 22, www.caffecommercio.eu, So 15–21, sonst 7–21 Uhr).

unterdessen hübsch herausgeputzten ehemaligen Armeleuteviertels unterstreichen den Eindruck einer scheinbar heilen Fischerwelt.

Ab durch die (Stadt-)Mitte

Die Einkaufs- und Flaniermeile **Corso d'Augusto** strotzt vor städtischem Leben und verbreitert sich etwa auf halber Strecke zur **Piazza dei Tre Martiri,** in deren Läden und Lokalen das urbane Getriebe kulminiert. Er wird flankiert von der **Piazza Cavour,** die vom säulengestützten und zinnengekrönten **Palazzo dell'Arengo** **9**, dem **Palazzo del Podestà 10** und dem gerade generalüberholten **Teatro Galli 11** aus dem 19. Jh. eingerahmt wird. Im Teatro soll(te) sich planmäßig im Juni 2018 wieder der Vorhang heben. Der Platz öffnet sich zur **Vecchia Pescheria 12** aus dem 18. Jh., um deren steinerne Verkaufstheken herum vom frühen Abend bis tief in die Nacht die Post abgeht, weil sich hier zahlreiche Bars und Cocktaillounges konzentrieren.

Das Rimini der Renaissance entdecken

Hinter dem Theater trotzt das **Castello Sismondo 13**, eine wuchtige Machtdemonstration der Familie Malatesta, seit den 1450er-Jahren dem Zahn der Zeit. Neben dem heute sporadisch kulturell genutzten Stadtschloss leistete sich Sigismondo Pandolfo Malatesta den **Tempio Malatestiano 14** (Via IV Novembre, tgl. 8–12.30, 15.30–18 Uhr, Eintritt frei) als letzte Ruhestätte für sich und seine damals blutjunge dritte Ehefrau Isotta Degli Atti. Obwohl seine noch höher fliegenden gestalterischen Träume nicht mehr erfüllt und die Arbeiten 1450 eingestellt wurden, gilt die erstmals einem Menschen und nicht Gott geweihte Kirche als eines der herausragenden Bauwerke der italienischen Renaissance. Sie stammt vom Zeichenstisch des zeitgenössischen Stararchitekten Leon Battista Alberti, glänzt von außen mit einer schneeweißen Marmorfassade und

innen mit wahren Kunstschätzen. Man staunt über eine Kreuzigungsszene von Giotto und ein Fresko von Piero della Francesca, auf dem Sigismondo, vor seinem Namenspatron betend, niederkniet. Dass Riminis Stadtherr, der als wahrer Haudegen in die Geschichte eingegangen ist, auch eine weiche und schöngeistige Seite hatte, erschließt sich auch im **Stadtmuseum 3**, das in seinem Auftrag Gemaltes und Gemünztes exponiert. Als Juwel der Renaissancesammlung gilt aber eine Pietà von Giovanni Bellini, deren Farbe erst nach dem Dahinscheiden des mächtigen Renaissancefürsten (Okt. 1468) trocken war (▶ auch S. 97).

....

SCHLEMMEN, SHOPPEN, SCHLAFEN
....

 In fremden Betten

Besser geht's nicht
I Propilei di San Girolamo 1
Anna Maria Arcangeli und Claudio Mussoni, ein reizendes Ehepaar um die 60, haben die Wohnung des verstorbenen Vaters in ein rundum überzeugendes B & B verwandelt. Die toprenovierten und geschmackvoll möblierten Zimmer haben ein nagelneues Bad und manche einen Balkon. Das tolle Frühstück gibt's bei schönem Wetter auf der Terrasse, das Altstadtleben pulsiert gleich um die Ecke, das Meer ist nicht weit (1 km), der Bahnhof in Sichtweite und im Hof gibt's Platz für einen Gäste-Pkw.
Via Dante Alighieri 28, T 347 269 75 80 (Claudio), 335 27 34 13 (Anna), www.propilei disangirolamobeb.it, DZ 80 €, EZ 60 €

Futuristisches Design
DuoMo Hotel 2
Das kontemporär-kühl gestylte und möblierte, raumweise mit grellen Farben kolorierte Vier-Sterne-Hotel in der Altstadt ist ein (Kunst-)Werk des britisch-israelischen Designers Ron Arad und ein besonders hippes Domizil.
Via G. Bruno 28, T 05 412 42 15, www.duomohotel.com, DZ 70–300 €

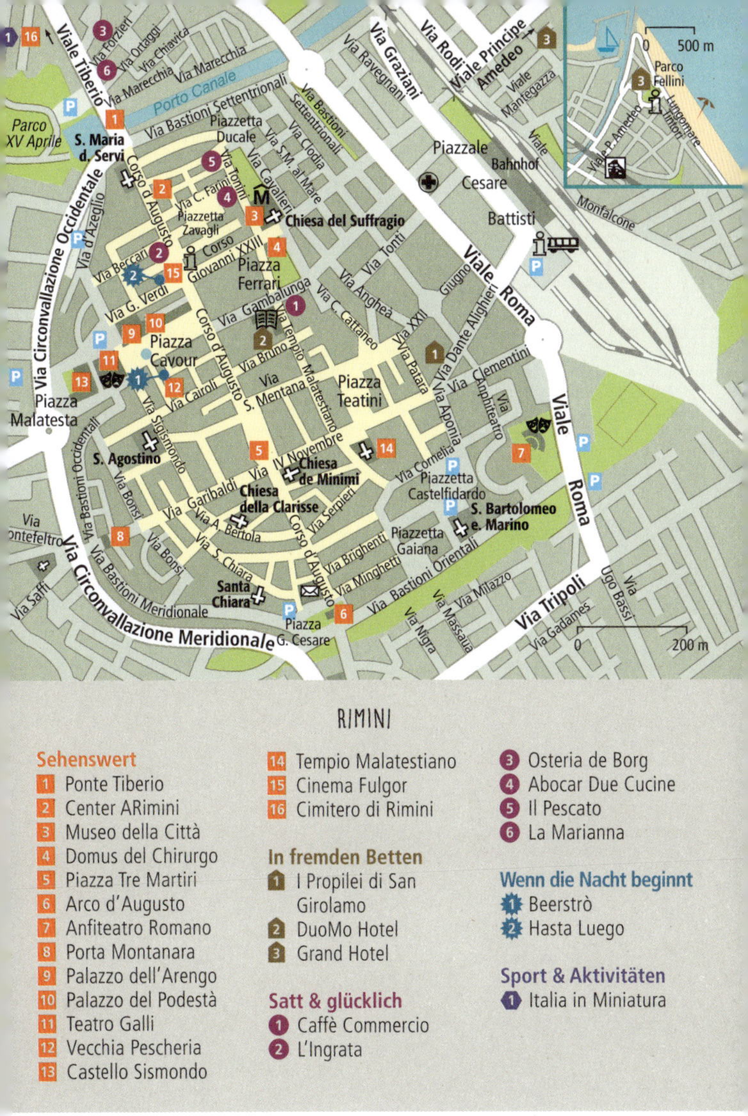

RIMINI

Sehenswert

1 Ponte Tiberio
2 Center ARimini
3 Museo della Città
4 Domus del Chirurgo
5 Piazza Tre Martiri
6 Arco d'Augusto
7 Anfiteatro Romano
8 Porta Montanara
9 Palazzo dell'Arengo
10 Palazzo del Podestà
11 Teatro Galli
12 Vecchia Pescheria
13 Castello Sismondo
14 Tempio Malatestiano
15 Cinema Fulgor
16 Cimitero di Rimini

In fremden Betten

1 I Propilei di San Girolamo
2 DuoMo Hotel
3 Grand Hotel

Satt & glücklich

1 Caffè Commercio
2 L'Ingrata
3 Osteria de Borg
4 Abocar Due Cucine
5 Il Pescato
6 La Marianna

Wenn die Nacht beginnt

1 Beerstrò
2 Hasta Luego

Sport & Aktivitäten

1 Italia in Miniatura

Eine (finanzielle) Sünde wert

Grand Hotel 3

In dem Hotel, das 1908 eröffnet wurde, weht der mondän-luxuriöse Geist der (Badetourismus-)Geschichte! Es war und ist das Hotel von Rimini und es ist fürs Gebotene in der Nebensaison gar nicht einmal so teuer.

Parco Federico Fellini, T 0541 560 00, www.grandhotelrimini.com, DZ ab 150 €

Satt & glücklich

Filmreif

Caffè Commercio 1 ► S. 97

Fleisch ist mein Gemüse

L'Ingrata 2

Zeitgemäß aufgepeppte romagnolische Hausmannskost, besonders angesagt

14

In memoriam Federico Fellini – die ›Luoghi Felliniani‹ von Rimini

Federico Fellini wurde in Rimini geboren und begraben, verbrachte sein Erwachsenen- und Künstlerleben aber fern der Heimatstadt, in der er posthum omnipräsent ist. Nahezu jedes Haus, in dem der Starregisseur wohnte oder weilte, Orte, die ihn zu Filmszenen inspirierten und natürlich sein Grab sind zu ›Luoghi Felliniani‹ stilisiert.

Zu Fellinis 98. Geburtstag am 20. Januar 2018 eröffnete nach langjähriger Restaurierung das **Cinema Fulgor** 15, in dem der kleine Federico die ersten Kontakte zu dem Medium knüpfte, das ihn später weltberühmt machen sollte. Der Klosterschüler verbrachte seine Kindheit im Spannungsfeld von Katholizismus und Faschismus im damals noch recht provinziellen Rimini. Er zeichnete und publizierte schon während seiner Gymnasialzeit Comics und ging 1939 zum Studium nach Rom. Dort reüssierte er als Journalist und Karikaturist, bevor er sich Ende der 1940er-Jahre aufs Drehbuchschreiben und Anfang der 1950er-Jahre aufs Filmemachen verlegte.

Karikatur gegen Film

Nachdem er in Italien mit »I Vitelloni« (»Die Müßiggänger«, 1952) den Durchbruch erlangt hatte, feierte er auch international Erfolge und heimste fortan so gut wie alle großen Filmpreise ein. Er bekam sie für »La Strada« (1954) mit Giulietta Masina, schon seit 1943 Fellinis Ehefrau. Unvergessen »La Dolce Vita« (1960) mit der leicht bekleideten Anita Ekberg im Trevibrunnen, die autobiografisch geprägten Filme »Otto e Mezzo« (»Achteinhalb«, 1963) und »Amarcord« (1973), »Città delle Donne« (»Stadt der Frauen«, 1979) mit Marcello Mastroianni oder »Ginger und Fred« (1986) mit Masina und Mastroianni im Doppelpack. Einige dieser Meisterwerke laufen demnächst wieder im **Cinema Fulgor** 15, das vorerst als Kino und Kulturzentrum

---

B
BANK

Begraben ist der ›Godfather‹ des europäischen Autorenfilms auf dem **Friedhof in Rimini-Rivabella** 16, wo er zusammen mit seiner Frau und dem nach nur einem Lebensmonat verstorbenen Sohn Pier Federico ruht. Sie liegen unter einem vom berühmten Bildhauer Arnaldo Pomodoro gestalteten bronzenen Schiffsbug. Pomodoro stellte noch eine Bank daneben, weil Fellini einem Freund einmal verraten hatte, dass er gern neben einer Bank begraben sein würde.

Im Grand Hotel ist Fellini über den Tod hinaus zu Gast.

und perspektivisch als Fellini-Museum fungieren soll. Das Kino residiert seit 1920 im gerade sensibel restaurierten **Palazzo Valloni** direkt am Corso d'Augusto und zog den jugendlichen Fellini, der hier auf dem Schoß seines Vaters den ersten Film gesehen hatte, geradezu magisch an. Weil ihm das Geld fürs Eintrittsgeld meist fehlte, bezahlte er in Karikaturen von den Stars der gerade gezeigten Streifen. Der Filmvorführer nutzte sie, um für die Streifen zu werben!

Traumhaft

Wer sich ein Bild von Fellinis grafischem Talent machen möchte, findet im **Museo della Città** `3` sein berühmtes »Libro dei Sogni«. Das »Buch der Träume«, in dem Fellini zwischen 1960 und 1990 seine Visionen, Träume und Ängste karikierte und kommentierte, amüsiert und verstört und ist selbst dann faszinierend, wenn man die italienische Sprache nicht versteht. Der eigens für dieses Meisterwerk reservierte Museumssaal ist ebenso anrührend wie die bunten **Murales** (Wandbilder) im Fischerviertel San Giuliano, auf denen man den Maestro und seine Muse (Giulietta Masina) und so manche Szene seiner in Rimini angesiedelten Filme erkennt. Zu den bedeutenden ›Wallfahrtsorten‹ zählt auch das **Grand Hotel** `2`, in dem Federico Fellini bei seinen Besuchen in Rimini logierte und am 3. August 1993 den Schlaganfall erlitt, an dessen Folgen er am 31. Oktober in seiner Wahlheimat Rom starb.

INFOS/ÖFFNUNGSZEITEN
www.federicofellini.it: Website der Fondazione Federico Fellini, auf der alle ›Luoghi Felliniani‹ kommentiert und kartografiert sind.
Museo della Città `3`: ▶ S. 97
Cinema Fulgor `15`: Corso d'Augusto 162, www.cinemafulgorrimini.it
Cimitero di Rimini `16`: Piazzale Umberto Bartolani, tgl. 7.30–17 bzw. 18 Uhr (Sommer)
Grand Hotel `2`: ▶ S. 99

Cityplan: S. 99

ROSAROTE SOMMERNÄCHTE

Am ersten Juliwochenende sieht man zwischen Comacchio und Cattolica auch ohne die sprichwörtliche Brille rosarot. Straßenlaternen, Hotels und historische Monumente, Eisbecher und Cocktails, Kleidung und sogar Haare sind dann entsprechend koloriert. Auf Strandpromenaden und Altstadtplätzen gibt's gratis Theater und Konzerte. In Bars und Clubs wird bis in den frühen Morgen gefeiert. Strahlender Höhepunkt der Megaparty mit dem schönen Namen **Notte Rosa** ist ein mitternächtliches Feuerwerk entlang der gesamten romagnolischen Küste, bei dem die Funken natürlich rosafarben sprühen (www.lanotterosa.it).

wegen seiner Fleischgerichte, aber auch mit allerhand Leckerem auf Vegetarier eingestellt, freundlich-legere Atmosphäre, toller Wein.

Piazzetta San Martino 6, T 05 41 78 24 90, www.lingrata.com, tgl. mittags u. abends, Menü um 30 €

Romagnolische Hausmannskost
Osteria de Borg ❸

Zünftig-romantisches Restaurant im Fischerviertel, das auf Fleisch und Gemüse kapriziert ist. Es gibt leckere hausgemachte Pasta und auch Pizza.

Via dei Forzieri 12, T 054 15 60 74, www.osteriadeborg.it, tgl. mittags u. abends, Menü um 30 €

Experimentell
Abocar Due Cucine ❹

Kreative junge Leute beweisen Mut zu kulinarischen Experimenten, es gibt sowohl Fisch als auch Fleisch und bei gutem Wetter werden die Gerichte in einem schönen Innenhofgarten im *centro storico* serviert.

Via Farini 13, T 054 12 22 79, www.abocarduecucine.it, Di–Sa ab 20 Uhr, Fr–Sa auch, So nur mittags, Fischmenü 50 €, Fleischmenü 40 €

Fangfrisches im historischem Gemäuer
Il Pescato ❺

Tolle Fischküche in einem geschmackvoll restaurierten mittelalterlichen

Warenmagazin mitten in der Altstadt. Das Menü steht auf der Tafel, die Weinkarte kann sich sehen lassen, die Preise sind okay.

Via Luigi Tonini 34, T 36 63 54 15 10, www. ilpescatodelcanevonerimini.it, Di–Fr, So mittags u. abends, Sa nur abends, Menü um 50 €

Gut und bewährt
La Marianna 6

Hier kehren die Rimineser seit vielen Jahren immer wieder gern zum guten Fischessen in maritimem Ambiente, fröhlicher Atmosphäre und zu angemessenen Preisen ein.

Viale Tiberio 19, T 054 12 25 30, www. trattorialamarianna.it, tgl. mittags u. abends, Menü um 50 €

 Stöbern & entdecken

Am **Corso d'Augusto,** an der **Via Garibaldi** und der **Via IV Novembre** reihen sich die Flagship-Stores italienischer Designerlabels, Parfümerien und Juwelierläden aneinander. Parallel zu den Strandpromenaden knubbeln sich billige Souvenirläden. Am Samstag und Mittwoch zwischen 7 und 13 Uhr verwandelt sich die gesamte Stadtachse Via Dante–Via IV Novembre–Corso d'Augusto–Piazza Tre Martiri in einen bunten **Gemischtwarenmarkt.**

Wenn die Nacht beginnt

An den Strandpromenaden, auf den Flaniermeilen der Badequartiere und auch im hügeligen Hinterland öffnen sommersaisonal zahlreiche Bars und Clubs. Saisonunabhängig, wenn auch bei schönem Wetter reger, ist das Nightlife im *centro storico,* das rund um den alten Fischmarkt pulsiert.

Freitags mit Livemusik
Beerströ

Nette kleine Bar mit ebensolchem Personal, in der es Wein, Bier und Cocktails, dazu üppige Häppchen und freitags Auftritte lokaler und regionaler Virtuosen unterschiedlicher musikalischer Genres gibt.

Via C. Pisacane 10, 18–3 Uhr

Buntes Publikum
Hasta Luego 2

Das Hasta Luego, von einem supersympathischen Team gewuppt, vereint Männerclubs in Sauflaune und intellektuelle ›Damenkränzchen‹, Paare und Singles und macht drinnen und auf einem schönem Plätzchen draußen bis spät in die Nacht etwas zu essen, z. B. eine passable Pizza.

Piazzetta S. Martino 3, T 05 41 78 79 52, tgl. 19–2 Uhr

INFOS & TERMINE

IAT: Piazzale Fellini 3, T 054 15 69 02, www.riminiturismo.it, Mo–Sa 8.30–18, im Sommer bis 19, So 8.30–13 bzw. 9–12 Uhr

Bus und Bahn: Bahnhof am Piazzale Cesare Battisti 7; Busse innerhalb der Stadt und in die benachbarten Küstenorte, Orange Ticket für 3 oder 7 Tage 9 bzw. 17 €, Nachtbusse der Blue Line zu den Hot Spots in und um Rimini (www. startromagna.it)

Notte Rosa: 1. Juliwochende, an der romagnolischen Küste, u. a. in Cesenatico, Rimini, Riccione, ▶ S. 102

ITALIEN IN MINI – THEMENPARKS

In und um Rimini gibt es mehrere **Themen- und Freizeitparks,** darunter **Italia in Miniatura 1,** wo die architektonischen Highlights des Belpaese im Miniaturformat zu bewundern sind. Neuerdings sind auch architektonische Attraktionen anderer europäischer Länder ausgestellt – für Deutschland etwa Schloss Neuschwanstein (Via Popilia 239, www.italiainminiatura.com, Öffnungszeiten/Eintritt ▶ Website).

Riccione ▥ E 13

Riccione, im Norden mit Rimini und im Süden mit Cattolica städtebaulich zusammengewachsen, ist grüner, schicker und teurer als die meisten anderen Badeorte an der Oberen Adria.

Schöne Häuser und Menschen

Es schmückt sich mit einigen eleganten Villen und Nobelabsteigen der vorletzten Jahrhundertwende und besinnt sich nach boomenden massentouristischen 1970er- und krisengeschüttelten 1980er-Jahren seit der Jahrtausendwende wieder seiner mondänen Tradition. Der von Designerboutiquen und Cocktaillounges gesäumte **Viale Ceccarini** ist die edelste Shopping- und Flaniermeile der gesamten Adria und wird gern von den Schönen und Reichen frequentiert. Riccines **Palazzo dei Congressi,** ein postmoderner Glas- und Stahlpalast, gibt sich so urban, als stünde er in einer Metropole.

Die Stadt war einst die bevorzugte Sommerfrische von Benito Mussolini, dessen lange dem Verfall preisgegebene **Villa** vor einigen Jahren renoviert und als **Kulturveranstaltungsort** reanimiert wurde (Viale Milano 31). Dem ›Duce‹ hat Riccione auch seinen repräsentativen **Palazzo del Turismo,** Baujahr 1938, zu verdanken, wohingegen das prachtvolle **Hotel des Bains** (1908) am Viale Gramsci schon vor dem Siegeszug des italienischen Faschismus da war. Sehenswert ist auch das **Grand Hotel**

aus dem Jahre 1929, auch wenn es gerade *in restauro* und nur von außen zu bestaunen ist (Viale Milano).

⌂ Erfreuliche Adriatradition
Hotel Parco

Das Familienhotel zwischen schönem Strand und schicker Stadt überzeugt mit ordentlichen (Balkon-)Zimmern und übt sich seit den 1950er-Jahren in gepflegter Gastlichkeit.

Viale Ariosto 12, T 05 41 69 29 80, www.hotelparcoriccione.it, DZ ab 85 €

◕ Pesce, Pasta, Pizza
Da Lele

Die ganze kulinarische Palette zu moderaten Preisen.

Via G. D'Annunzio 94 C, T 05 41 64 41 24, tgl. mittags u. abends, Menü um 40 €, Pizza um 10 €

❶ Infos

IAT: Piazzale Ceccarini 11, T 0541 42 60 50, www.riccione.it, Jan.–Ostern, Okt.–Dez. Mo–Sa 8–19.30, So 13.30–19.30, Ostern–Sept. tgl. 8–20 Uhr

ABSTECHER NACH CATTOLICA

Cattolica (▥ E 13), ein kulturtouristisch an sich relativ profilloser Badeort, hat ein Baudenkmal des Faschismus in einen Touristenmagneten verwandelt. In der ehemaligen Ferienkolonie Le Navi, in der einst kranke Kinder kuriert und indoktriniert wurden, lockt heute das größte Aquarium an der Adria, das **Acquario di Cattolica** (Piazzale delle Nazioni 1 a, www.acquariodicattolica.it, Öffnungszeiten/Eintritt ▸ Website). Die Strände und Hotelriegel von Cattolica gehen quasi nahtlos in die von **Gabicce Mare** (Marken) über, wo die Küstenlinie allmählich hügeliger wird und mit dem (rad-)wanderfreundlichen Naturpark **Monte San Bartolo** erfreut. Der Park zieht sich bis **Pesaro,** der architektonisch und atmosphärisch attraktiven Geburtsstadt von Gioacchino Rossini. Zu dessen Ehren findet dort alljährlich im August das Rossini Opera Festival (www.rossinioperafestival.it) statt.

Jenseits der Küste –
nicht nur San Marino

Fast jeder Badeurlauber zwischen Rimini und Riccione macht irgendwann einen Ausflug in den Zwergstaat San Marino, dessen gleichnamige Hauptstadt mit weitem Adriablick auf dem Monte Titano thront. Dabei ist das Städtchen San Leo auf dem Felsen gleich nebenan eigentlich viel schöner als die touristisch überlaufene älteste Republik der Welt.

San Marino wurde anno 301 von einem frommen Einsiedler namens Marinus gegründet und rühmt sich seit 1295 einer republikanischen Verfassung. In dem Ministaat, der nur 62 km² klein ist und gut 33 000 Einwohner zählt, wird wie im Nachbarland Italienisch gesprochen. Seine tatsächlich weitgehend mittelalterliche Kapitale wirkt gleichwohl wie eine Kulisse aus Pappmaché, zumal sich in ihren engen Gassen zahllose Schmuck-, Leder- und Tabakgeschäfte fürs mehrwertsteuerfreie und vermeintlich preisgünstige Shoppen drängen. Vor dem erst 1894 erbauten **Palazzo Pubblico** ist halbstündlich der Wachablösung der rot-grün livrierten Festungswache beizuwohnen und von der ›Balkonpiazza‹ davor schweift der

Mille Miglia, Tausend Meilen, heißt das Straßenrennen, das alljährlich im Mai Station in San Marino macht. Früher war's tatsächlich schnell, heute – Oldtimer-bedingt – wird das Motto ›Slow Drive‹ hochgehalten.

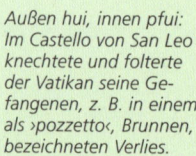

Außen hui, innen pfui: Im Castello von San Leo knechtete und folterte der Vatikan seine Gefangenen, z. B. in einem als ›pozzetto‹, Brunnen, bezeichneten Verlies.

Blick über die grünen Hügel des Montefeltro zur schönen blauen Adria.

Territoriale Keimzelle der mittelgebirgigen Wald- und Wiesenlandschaft ist das Städtchen **San Leo,** weil seine Häuser auf einem Felsen mit dem antiken Namen Mons Feretri stehen. Auf den rettete sich im 3. Jh. der fromme Leo aus Dalmatien, ein Glaubensbruder und Landsmann des legendären Republikgründers Marinus, vor der Christenverfolgung des Diokletian.

Dante auf Kurzbesuch

In der (rad-)wandertouristisch bestens erschlossenen Mittelgebirgslandschaft des Montefeltro liegt auch **Pennabilli,** wo Drehbuchautor und Dichter Tonino Guerra (gest. 2012) seinen Lebensabend verbracht und mit Künstlerfreunden anrührende ›poetische Orte‹ gegründet hat (www.toninoguerra.org).

Der städtebauliche und gesellschaftliche Mittelpunkt von San Leo heißt wegen einer Stippvisite desselben (1306) **Piazza Dante,** ist mit Natursteinen gepflastert und von Adelspalazzi aus dem 16. und 17. Jh. eingerahmt. Darin befinden sich Lokale und Läden wie das hübsche Hotelchen **Al Castello,** neben dem eine orientalisch anmutende **frühromanische Kirche** entzückt. Das fotogene Gotteshaus wurde im 9. Jh. in Form eines Schiffes über einer Gebetsgrotte des Eremiten Leo im Felsen verankert. Gleich dahinter erhebt sich der **Dom** aus dem 12. Jh., der innen den Blick auf die Reste älterer Sakralbauten freigibt.

Feine Gemächer, düstere Folterkeller

Vis-à-vis der Altstadt trotzt am anderen Ende des Felsplateaus eine der unkaputtbaren Festungen von Francesco di Giorgio Martini dem Zahn der Zeit. Bauherr des zeitgenössischen Stararchitekten war Renaissancefürst Federico da Montefeltro aus Urbino, der Sigismondo Pandolfo da Malatesta aus Rimini (▶ S. 98) Mitte des 15. Jh. aus dem Montefeltro vertrieben hatte. Das scharf an die Felsenkante angepasste **Castello** beeindruckt außen mit wuchtigen Rundtürmen und zeigt innen hochherrschaftliche Gemächer, aber auch düstere Zellen und Folterkeller, die nach San Leos Integration in den Kirchenstaat (1631) als Hochsicherheitstrakt für unliebsame Zeitgenossen genutzt wurden. Einer davon war der berühmt-berüchtigte Hochstapler Graf Cagliostro, der im 17. Jh. die vornehme europäische Gesellschaft polarisierte: Für die einen war er ein Wunderheiler und Wahrsager, für die anderen ein Giftmischer und Gotteslästerer.

INFOS/ÖFFNUNGSZEITEN

San Marino: alles Wissenswerte über den Zwergstaat unter www.vistsanmarino.com

Palazzo Publico: San Marino, Mai–Sept. tgl. 9.30–17.30 Uhr

Castello: San Leo, tgl. 10–17.45, Juni–Aug. 10–19 Uhr, Eintritt 9 €

WOHNEN, ESSEN, AKTIV SEIN

Al Castello: Piazza Dante 11/12, San Leo, T 05 41 91 62 14, www.hotelristorantecastellosanleo.com, DZ 55–85 €, Menü um 30 €. Das Haus hat 14 schöne Zimmer mit Blick ins Grüne oder auf die Bilderbuchpiazza, ist zugleich Restaurant und Café und ›beatmet‹ von der herzlichen Gastfreundlichkeit der Hausherrin Romina.

San Leo und insbesondere das Hotel Castello sind ein ideales Basisquartier für **Wanderungen** und **Radtouren** im **Oberen Marecchiatal** und im **Parco del Sasso Simone e Simoncello.** Letzterer erfreut Naturfreunde mit einer artenreichen Flora und Fauna und fordert Mountainbiker und Rennradler mit anspruchsvollen Bergetappen heraus, darunter die fast schon legendäre Trainingsstrecke von Radsportlegende Marco Pantani, auf dessen Reifenspuren sich bis heute Radfahrer aus ganz Europa den Monte Carpegna hinaufquälen.

Hin & weg

Bahn und Bus

Verkehrsknotenpunkte der (inter-)nationalen und Umsteigebahnhöfe sind Mailand, das man neuerdings von Frankfurt aus auch direkt ansteuern kann, Verona und Bologna, wobei man diese Ziele ebenso wie Venedig ab Salzburg, Wien und München auch nachts und ohne Umstieg erreicht. Nach Triest geht's von allen drei deutschsprachigen Ländern via Villach und Udine. Heimische Reisebüros sowie die deutsche, österreichische, Schweizer und italienische Bahn informieren über Fahrpläne, Spartarife und die Mitnahme von Fahrrädern in ausgewählten Zügen (www.bahn.de, www.oebb.at, www.sbb.ch, www.trenitalia.com). Europabusse fahren zu recht günstigen Preisen Rimini, Venedig und Udine an, von wo man mit Zug

oder Bus nach Triest weiterfahren kann (www.eurolines.it).

Flugzeug

Wer an der Oberen Adria urlauben will, kann in Triest, Venedig und Bologna einfliegen. Der Flughafen Rimini wird derzeit nicht aus deutschsprachigen Landen angesteuert (www.riminiairport.com). An allen Flughäfen stehen Busse und Taxis zur Weiterfahrt in die entsprechenden Städte bzw. Badeorte sowie Mietwagen der gängigen **Mietwagenanbieter,** darunter Maggiore (www.maggiore.it), Hertz (www.hertz.com), Avis (www.avis.de) und Europcar (www.europcar.de) bereit.

Aeroporto di Trieste-Ronchi dei Legionari: www.triesteairport.it. Der Flughafen liegt bei Ronchi dei Legionari, ist gut 30 km von Triest entfernt und mit der Buslinie E 51 der Gesellschaft APT (www.aptgorizia.it) an die Stadt angebunden. Er wird allerdings nur von München direkt angeflogen (www.lufthansa.com).

Aeroporto Marco Polo in Venedig: www.veniceairport.it. Der Airport ist 10 km vom Stadtzentrum entfernt, mit vielen deutschen, österreichischen und schweizerischen Städten vernetzt und wird auch von Billigairlines bedient. In die Stadt geht es mit Bus (8 €, plus Vaporetto-Ticket 14 €) oder – viel schöner! – mit dem Linienschiff der Gesellschaft Alilaguna (www.alilaguna.it), was mit 15 € zu Buche schlägt. Weil es gute Zugverbindungen gibt, ist der Flughafen in Venedig auch für Reisende mit Destination Triest eine Option.

Aeroporto Antonio Canova Treviso: www.trevisoairport.it. Der Flughafen 40 km nördlich von Venedig im Landesinneren wird von Berlin, Köln und Frankfurt-Hahn (Ryan Air) angesteuert und unterhält Busverbindungen der Gesellschaft ATVO (www.atvo.it) nach Venedig.

Aeroporto G. Marconi Bologna: www.bologna-airport.it. Diejenigen,

---

Eine nachhaltige Reise beginnt mit einer schadstoffarmen Anfahrt zum Urlaubsort, die an der gut ans europäische **Bahnnetz** angebundenen Adriaküste eine durchaus zumutbare Option ist (► oben). Für durchtrainierte Süddeutsche und Österreicher käme sogar eine gänzlich emissionsfreie Anreise über den **Alpe-Adria-Radweg** von Salzburg nach Grado in Frage (www.alpe-adria-radweg.com). An der Adria angekommen, ist man dank der guten Bahn- und Busverbindungen auch vor Ort ohne Auto mobil. Der ›ökologische Rucksack‹ bleibt leicht, wenn man bei der Wahl der **Unterkunft** auf nachhaltig bewirtschaftete Hotels und mit regionalen oder biologisch zertifizierten Produkten bekochte Restaurants achtet.

die an der Küste zwischen Comacchio und Cattolica Ferien machen, fliegen am besten in Bologna ein (Flüge nach Wien und in mehrere deutsche Städte), von wo es per Busshuttle nach Rimini (www.shuttleriminibologna.it) oder Ferrara mit guten Busverbindungen nach Comacchio weitergeht (www.ferrarabusandfly.it). Bis Rimini dauert's 1,5, bis Ferrara 1 Std.

Auto

Urlauber mit Destination Triest oder Venedig, die über Österreich anreisen, nehmen die Tauernautobahn über Klagenfurt und Villach, halten sich Richtung Udine (A 23) und wechseln dann auf die A 4. Wer via Schweiz und Gotthardtunnel in Italien ankommt, fährt bei Mailand auf die A 4. Der Weg an die romagnolische Adria führt von Österreich über die Brennerautobahn und auch bei Anreise aus der Schweiz zunächst nach Bologna, von wo es auf der Küstenautobahn A 14 weitergeht. Sowohl österreichische als auch Schweizer und italienische Autobahnen sind gebührenpflichtig. Für die Schweiz und Österreich ist spätestens an der Grenze eine Vignette zu erwerben. In Italien zahlt man etappenweise – bar, per Kreditkarte oder Viacard, die man beim heimischen Automobilclub, an Grenzstationen oder Raststätten kaufen kann.

Einreisebestimmungen

EU-Bürger und Schweizer brauchen einen gültigen Personalausweis oder Reisepass, ihre Kinder benötigen ebenfalls ein eigenes Reisedokument, sei es ein Kinderreisepass (bis 12 J.), ein Reisepass/ePass (ab 12 J.) oder einen Personalausweis.

Zollbestimmungen

Die Ein- und Ausfuhrbeschränkungen für Tabakwaren, Wein und Spirituosen sind allenfalls für Schweizer von Interesse, die sich im Gegensatz zu EU-Angehörigen (maximal 90 l Wein, 10 l Spirituosen und 800 Zigaretten) mit der Mitnahme von 200 Zigaretten, 1 l Spirituosen und 2 l Wein begnügen müssen.

••
GESUNDHEIT
••

Mitglieder der gesetzlichen Krankenkassen werden bei Vorlage der European Health Insurance Card (EHIC) im Rahmen der landesüblichen Standards kostenlos behandelt (www.evz.de). Da diese nicht immer den heimischen entsprechen, sollte man sich stets eine detaillierte Rechnung ausstellen lassen, um eventuell geleistete Zuzahlungen später erstattet zu bekommen. Bei Bagatellfällen helfen der Pronto Soccorso (Erste Hilfe) der Krankenhäuser oder (in der Urlaubssaison) die örtliche Guardia Medica Turistica weiter. Da die italienische Adriaküste seit Jahrzehnten von deutschsprachigen Urlaubern frequentiert wird, liegt den meisten lokalen Touristeninformationen eine Liste deutschsprachiger Ärzte vor.

••
INFORMATIONSQUELLEN
••

Die italienische Zentrale für Tourismus **ENIT** (Ente Nazionale Italiano per il Turismo) unterhält Informationsbüros in Frankfurt (Mo–Fr 9.15–17 Uhr) und Wien (Di–Do 9–12.30 Uhr) und hat die Website www.enit.de geschaltet, die allgemeine Informationen rund ums Reisen nach und in Italien sowie spezielle Infos über die einzelnen Regionen liefert und mit deren (mehrheitlich deutschsprachigen) Homepages verlinkt.

Deutschland, Österreich, Schweiz
Barckhausstr. 10
60325 Frankfurt a. M.
T 069 23 74
frankfurt@enit.it

Österreich
Mariahilfer Str. 1 b
T 01 505 16 39
vienna@enit.it

Touristeninformationen an der italienischen Adria
► unter Infos (und Termine) bei den einzelnen Orten in diesem Buch

INFORMATIONEN IM INTERNET

www.adriacoast.com: Hier erfährt man nahezu alles über eine Reise an die Küste der Emilia-Romagna zwischen Comacchio und Cattolica. Dabei geht es nicht nur um die schönsten Strände, sondern auch um Kultur und Küche, Natürliches und Spirituelles, Rad- und Wandermöglichkeiten, Feste und Events.
www.meineadria.com: Informationen über die Reiseziele an der Adriaküste zwischen Triest und Cattolica.

KLIMA UND REISEZEIT

Die angenehmste Reisezeit sind Mai und Juni, wenn es an den Küstenhängen grünt und blüht, das Thermometer schon über 20 °C klettert und die Übernachtungspreise noch auf Vorsaisonniveau rangieren. Die große Hitze von 30 °C und mehr, der massenhafte Urlauber- und gebietsweise auch Mückenansturm lassen

---

IM NOTFALL

Carabinieri und Notfallrettung: 112
Polizei: 113
Notruf auf See: 15 30
Pannenhilfe des ACI: 80 31 16
ADAC: +49 89 22 22 22 22 (aus dem Festnetz), 22 22 22 (vom Handy)
Feuerwehr: 115
Ambulanz: 118
Bei EC- und Kreditkartenverlust: +49 116 116
Deutsche Botschaft: Via San Martino della Battaglia 4, 00 185 Roma, T 06 49 21 31, www.rom.diplo.de
Österreichische Botschaft: Via G. B. Pergolesi 3, 00 198 Roma, T 06 844 01 41, www.bmeia.gv.at/oeb-rom/
Schweizer Botschaft: Via Barnaba Oriani 61, 00 197 Roma, T 06 80 95 71, www.eda.admin.ch/roma

---

noch bis Juli auf sich warten. Wer es bis tief in die Nacht heiß und trubelig mag, sollte sich bis dahin gedulden und bis Anfang September wieder abgereist sein, wenn es wieder kühler, beschaulicher und billiger wird. Allerdings sind die meisten regelrechten Badehotels spätestens Ende Oktober dicht. Wer Venedig ohne allzu großen Touristenrummel und relativ preisgünstig erleben möchte, ist im November und Dezember richtig, muss dabei allerdings einkalkulieren, dass ab dann die Überflutung der Stadt durch das nahezu alljährlich hereinbrechende Hochwasser (Acqua Alta) droht. Ungemütlich kann es übrigens auch im winterlichen Triest werden, wo dann bisweilen ein eiskalter Wind namens Bora die Besichtigungsfreude trübt.

REISEN MIT HANDICAP

Erfreulicherweise engagieren sich immer mehr italienische Regionen, Provinzen, Gemeinden, lokale Initiativen, Hotels und Strandbäder in Sachen *turismo accessibile* (barrierefreier Tourismus). Eine Reihe von Hotels wurden in den vergangenen Jahren barrierefrei modernisiert oder halten zumindest einzelne behindertengerechte Zimmer vor. Viele Strände sind absolut barrierefrei bzw. mit speziellen Strandrollstühlen ›möbliert‹. Detaillierte Informationen gibt's in den Touristenbüros vor Ort.

SICHERHEIT

Es gelten die allerorts angeratenen Vorsichtsmaßnahmen: keine Wertgegenstände im Auto liegen lassen, dieselben im Hotelsafe deponieren oder in größeren Menschenmengen zumindest diebstahlsicher verstauen.

SPORT & AKTIVITÄTEN

Birdwatching
Brandenten und Rohrweihen, Löffler und Purpurreiher, Säbelschnäbler und Stelzen-

Sieht weniger nach Radsport à la Marco Pantani denn nach Alltagskunstwerk à la Caorle aus – seien Sie dennoch gewiss: Die Adriaküste ist radlerfreundlich.

läufer, Fischadler und Flamingos sowie zahlreiche andere gefiederte Bewohner gehören zu den größten Attraktionen der oberadriatischen Lagunenlandschaften des Parco Regionale del Delta del Po, in deren Besucherzentren in Porto Tolle, Comacchio und Cervia man sachdienliche Hinweise fürs individuelle und organisierte Birdwatching erhält (▶ S. 77, S. 84 und S. 92).

Boots- und Schiffsausflüge
Erwartungsgemäß kann man entlang der gesamten Adriaküste auf Ausflugsbooten und Segelschiffen, Vaporetti und Gondeln, Fischkuttern und Fähren zu Wasser gehen. Auf dem Programm stehen Lagunenrundfahrten, Begleitung beim Fischfang (Pescaturismo) und Segeltörns entlang der Küste.

Radfahren
An der vornehmlich flachen norditalienischen Küste kommen auch weniger Trainierte beim Radeln über Strandpromenaden oder im Regionalpark Po-Delta auf ihre Kosten. Ambitionierte Rennradler und Mountainbiker können, z. B. auf der Trainingsstrecke des in Cesenatico geborenen Radsportidols Marco Pantani in den mittelgebirgigen Montefeltro über Rimini aufsteigen. Gut kartografierte und auch in deutscher Sprache kommentierte Tourvorschläge gibt's unter www.piste-ciclabili.com.

Wandern
Unmittelbar hinter und über den Stränden der Adriaküste verlaufen Wanderwege, die durch Wasserlandschaften, Wälder, Wiesen und Weinberge führen und meist markiert, kartografiert und kommentiert sind. Sie führen durchs Triestiner Karst, feucht-faszinierende Lagunenlandschaften, durchs Po-Delta oder auf die Höhen des Montefeltro im Küstenhinterland zwischen Rimini und Riccione. Die in den Ortskapiteln genannten lokalen Touristeninformationen, Besucherzentren und Websites der regionalen Naturparks informieren darüber.

Wassersport
An der Adria werden so gut wie alle Wassersportarten betrieben, sodass man in nahezu jedem Badeort nicht nur schwimmen, sondern auch Wasserski fahren, tauchen, surfen und segeln (lernen) kann. Während Taucher angesichts der vornehmlich flachen Gestade wohl nur vor der Steilküste bei Triest richtig glücklich werden, sind Segler

mit und ohne eigenes Boot von Nord nach Süd bestens versorgt. Allein an der romagnolischen Küste bieten 13 Häfen mit 4500 Liegeplätzen ihre Dienste an, und in Triest, wo Segeln quasi Volkssport ist, finden sich Anfang Oktober Segler aus aller Welt zu Europas größter Segelregatta namens Barcarola ein.

Wellness
Auch in Sachen Wellness haben die seit Jahrzehnten auf jede (neue) Urlaubernachfrage eingestellten Seebäder an der Adria allerhand in petto, zumal sich Rimini, Riccione, Comacchio und Cervia dank ihrer natürlichen Thermalquellen auch noch als Kurorte profilieren (www. emigliaromagnaterme.it). Fitness-Studios und Schönheitssalons, Strandbäder und Hotels offerieren Sand- und Salzbäder, Pilates und Feldenkrais, Massage oder Meditation und weisen fast alle gerade angesagten Wege zur physischen und psychischen Regeneration.

VERKEHRSMITTEL

Bahn und Bus
Auch ohne Auto ist man an der Adria recht mobil: Von Nord nach Süd fährt die Eisenbahn, mit der man mancherorts auch zu Tagesausflügen ins Landesinnere ausscheren kann. Nicht alle Bahnhöfe haben einen Fahrkartenschalter, sodass man die Tickets, die in jedem Fall vor Antritt der Fahrt in den Stempelautomaten auf den Bahnsteigen zu entwerten sind, u. U. an Automaten oder in mit dem grün-roten Logo der Trenitalia gekennzeichneten Reisebüros, Bars und Tabakgeschäften kaufen muss. Obendrein gibt es regelmäßige Busverbindungen in und zwischen den einzelnen Küstenorten und zu den wichtigsten Zielen im Hinterland. Manche Städte und Badeorte bieten günstige (Mehr-)Tagestickets an. In der Sommersaison verkehren zwischen Rimini und Cattolica die Blue-Line-Busse, die Nachtschwärmer zwischen 22 und 6 Uhr zu den angesagten Clubs und Diskotheken und retour kutschieren (www.startromagna.it).

(Miet-)Auto
Mit Auto oder Motorrad geht's über die Autobahnen A 4 und A 14 oder die unmittelbar küstensäumenden Staatsstraßen SS 14, SS 309 und SS 16 von Nord nach Süd. Die Höchstgeschwindigkeit beträgt auf Autobahnen 130, auf Schnellstraßen 110, auf Landstraßen 90 und innerhalb geschlossener Ortschaften 50 km/h, die Promillegrenze liegt bei 0,5. Die Sicherheitsweste muss in Reichweite, der Gurt angelegt und das Abblendlicht auf Autobahnen und Schnellstraßen auch tagsüber eingeschaltet sein. Das Mitführen einer grünen Versicherungskarte ist nicht obligatorisch, erleichtert aber die Schadensregulierung im Falle eines Unfalls. Wer ohne eigenes Auto kommt, kann an den Flughäfen, in großen Küstenstädten wie Triest oder viel frequentierten Badeorten wie Rimini eines mieten (Webadressen der Anbieter ▸ S. 108).

Schiff
Neben Schiffsverbindungen nach Venedig, z. B. von Chioggia oder Punta Sabbioni bei Jesolo, und dem Vaporetto-Verkehr innerhalb der Stadt sind Fähren nach Kroatien, Albanien oder Griechenland zu erwähnen, die in Venedig oder Triest in See stechen (www.exposa.de).

ÜBERNACHTEN

Man hat die Qual der Wahl zwischen Tausenden von Hotels, Campingplätzen und Ferienwohnungen, B & Bs und über Airbnb gebuchten Unterkünften v. a. in größeren Städten sowie Agriturismi im nahen Küstenhinterland. Viele Hotels öffnen nur von April bis September und verlangen für Juli und August und das lange (Nationalfeiertags-)Wochenende um den 2. Juni eine langfristige Voranmeldung und die Entscheidung für Halb- oder Vollpension. Die Preise steigen und sinken mit dem Stand der Sonne, was freilich nicht für Venedig gilt, wo sie allenfalls in den touristisch relativ wenig frequentierten Monaten November und Dezember deutlich niedriger sind. Wer pauschal oder online bucht, spart fast immer und kann mit etwas Glück sogar für kleines Geld ganz groß logieren.

Drei-Sterne-Komfort

Das Gros der Hotels hat Drei-Sterne-Komfort, der in der saisonalen Preisspanne von 60 bis140 € fürs Doppelzimmer mit Frühstück, Aufzug, Klimaanlage, TV, Privatstrand und -parkplatz und meist Balkon einschließt. Die meisten säumen mehrreihig die Strände, datieren aus den 1970er-Jahren und wurden seither mehr oder minder oft und gelungen (post)modernisiert. Einige wenige in dieser Kategorie sind in Villen oder Hotelbauten vom Beginn des vorigen Jahrhunderts untergebracht und versprühen bis heute nostalgisch-mondänes Seebadflair.

Familienhotels

Den angenehmsten Aufenthalt versprechen meiner Meinung nach kleinere (bis 20 Zimmer) Familienhotels, von denen viele aus bescheidenen Adriapensionen der 1960er-Jahre hervorgegangen sind, die von Generation zu Generation vererbt, vergrößert und zeitgemäß verschönert wurden. Ihr Publikum sind häufig langjährige Stammgäste, wobei die Inhaber meist gleichermaßen herzlich um neue Gesichter und potenzielle ›Wiederholungstäter‹ bemüht sind. Manche Zwei-Sterne-Häuser (50–120 €) sind nicht minder komfortabel und verzichten nur in Ermangelung eines Aufzuges oder eines ungünstigen Personalschlüssels auf den dritten Stern. Durchgängig Schlichtes ist bei (kaum noch vorhandenen) Ein-Sterne-Hotels zu erwarten (40–80 €).

Luxushotels

Hotels ab vier Sternen dienen mit edel antik oder postmodern möblierten, technisch hochgerüsteten Zimmern oder Suiten. Für durchschnittlich 150–400 € bieten sie mehrsprachig besetzte Rezeptionen, oft Pool und Wellnessoasen, fast durchgängig Balkone und manchmal die freie Sicht aufs Meer. Die wenigen Fünf-Sterne-Hotels haben ähnlichen Übernachtungskomfort, aber viel mehr Personal, das den illustren Gästen in

---

KLEINER ITALIEN-KNIGGE

Dass man – vorzugsweise in italienischer Sprache – freundlich grüßt, um etwas bittet oder dankt, ist eigentlich genauso selbstverständlich wie das Bedecken von Frauenschultern und Männerbeinen beim Besuch von Kirchen. Bleibt noch zu erwähnen, dass es in Italien üblich ist, bei Betreten eines Restaurants auf die Zuweisung eines Platzes zu warten. Es wird gemeinhin erwartet, sich für guten Service mit einem Trinkgeld von ca. 10 % erkenntlich zu zeigen. Man deponiert es auf dem Tisch oder dem Rechnungsteller.

---

gediegener Atmosphäre für 300–1000 € fürs Doppelzimmer jeden Wunsch von den Augen abliest.

Ferienwohnungen und Campingplätze

Sparsame Selbstversorger finden Ferienwohnungen aller Größen und Standards und in der Regel von Mai bis September schlicht möblierte Häuschen auf zahllosen Campingplätzen, wo sie alternativ Zelt, Wohnwagen oder Camper platzieren können. Die Campingplätze sind meist von Bäumen beschattet, selten unmittelbar am Meer, aber in der Regel in fußläufiger Nähe und mit Busverbindungen ans nächste Ortszentrum angebunden. Die meisten verfügen über Supermarkt, Restaurant, Pool, Spiel- und Sportplätze.

Agriturismi

Wer den Badetrubel lieber meidet oder vom nächsten Küstenhügel über ihn hinweg aufs Meer schauen möchte, findet z. B. im Triestiner Karst oder Montefeltro charmante Agriturismi inmitten von Feldern, Wiesen, Weinbergen mit Garten und/oder Pool. Sie sind im Idealfall mit Bauernhöfen kombiniert und servieren und verkaufen Produkte aus eigenem Anbau und Stall (www. agriturismo-on-line.it).

O-Ton italienische Adria

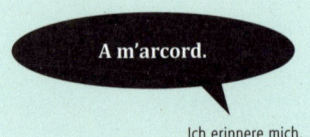

A m'arcord.

Ich erinnere mich.
dialektal aus Rimini

Perbacco!

Donnerwetter!

A BÈMPO!

Sag bloß!
dialektal aus Venedig

Salve

Hallo

fare le ore piccole

die Stunden klein machen
die Nacht zum Tag machen

Ca'

Haus
dialektal für ›casa‹

BUONO COME IL PANE

Gut wie Brot
*wenn man von einem
guten Menschen spricht*

Chi va piano, va sano e va lontano.

Ven

Wein
dialektal für ›vino‹

Wer langsam geht, bleibt gesund
und kommt weit.
Gut Ding will Weile haben.

**Morto un papa,
se ne fa un altro.**

Chi dorme non piglia pesci.

Ist der Papst tot, wählt man
einen anderen.
*Niemand ist unersetzlich –
Trostwort bei verflossenen
Liebschaften.*

Wer schläft, fängt keine Fische.
Wer nicht wagt, der nicht gewinnt.

Register

Register

Das Klima im Blick

Reisen bereichert und verbindet Menschen und Kulturen. Wer reist, erzeugt auch CO_2. Der Flugverkehr trägt mit bis zu 10 % zur globalen Erwärmung bei. Wer das Klima schützen will, sollte sich – wenn möglich – für eine schonendere Reiseform entscheiden oder die Projekte von atmosfair unterstützen. Flugpassagiere spenden einen kilometerabhängigen Beitrag für die von ihnen verursachten Emissionen und finanzieren damit Projekte in Entwicklungsländern, die dort den Ausstoß von Klimagasen verringern helfen (www.atmosfair.de). Auch die Mitarbeiter des DuMont Reiseverlags fliegen mit atmosfair!